Janet und Colin Bord schreiben seit Jahren über ihre Forschungsarbeiten. Sie berichten von den Geheimnissen der Welt, von unerklärlichen Phänomenen und seltsamen Tieren. Sie sind professionelle Fotografen und führen ein bekanntes Bildarchiv.

Deutsche Erstausgabe 1988
© 1988 Droemersche Verlagsanstalt Th. Knaur Nachf., München
Das Werk einschließlich aller seiner Teile ist urheberrechtlich geschützt.
Jede Verwertung außerhalb der engen Grenzen des Urheberrechts-
gesetzes ist ohne Zustimmung des Verlages unzulässig und strafbar.
Das gilt insbesondere für Vervielfältigungen, Übersetzungen,
Mikroverfilmungen und die Einspeicherung und Verarbeitung
in elektronischen Systemen.
Titel der Originalausgabe »The Evidence for Bigfoot and Other
Man-Beasts«
© Janet and Colin Bord 1984
Umschlaggestaltung Adolf Bachmann
Umschlagillustration Christian Dekelver
Satz Ludwig Auer, Donauwörth
Druck und Bindung Clausen & Bosse, Leck
Printed in Germany   5 4 3 2 1
ISBN 3-426-03782-3

Janet und Colin Bord:
Beweise: Der Yeti

Das Geheimnis der Schneemenschen

Mit zahlreichen Abbildungen

Aus dem Englischen von Christa Broermann

Inhaltsverzeichnis

Vorwort 7
1 Der Großfuß in Nordamerika 9
2 Der Großfuß im Himalaja und in der UdSSR . . . 39
3 Der Großfuß in China, Australien, Südostasien, Afrika und Südamerika 71
4 Beweismaterial und Verhaltensmuster 109
5 Der nicht-körperliche Großfuß und die Ufo-Verbindung 137
6 Erklärungsvorschläge 157
Anmerkungen 181
Bibliographie 197
Register 199

Die Serie *Die Beweise* wird im Original von *Aquarian Press* in Zusammenarbeit mit der ASSAP (Association for the Scientific Study of Anomalous Phenomena – Gesellschaft für die wissenschaftliche Erforschung übernatürlicher Phänomene) und dem Verlagshaus Hilary Evans herausgegeben. Jedes Buch der Serie liefert einen verständlichen, unparteiischen und aktuellen Überblick über die Zeugnisse, die zu einem bestimmten Phänomen vorliegen.
Jedes Buch ist von einem anerkannten Autor des jeweiligen Fachgebiets verfaßt, der eine klare Darstellung der Tatsachen liefert und sie im Lichte seiner eigenen Erfahrungen und Forschungen analysiert.

Die ASSAP wurde 1981 gegründet, um Wissenschaftler zusammenzubringen, die auf verschiedenen Gebieten der Erforschung des Übernatürlichen arbeiten. Die ASSAP will nicht mit anderen Vereinigungen oder Organisationen in Konkurrenz treten, sondern als verbindende Organisation den Mitgliedern bereits bestehender Gruppen die Möglichkeit geben, Meinungen und Informationen auszutauschen und an bestimmte Hilfsmittel heranzukommen.
Die ASSAP bringt eigene Publikationen heraus, verfügt über eigene Archive und Bibliotheken und veranstaltet regelmäßig öffentliche Konferenzen und Übungsseminare in verschiedenen Teilen Englands: die ASSAP arbeitet mit lokalen Gruppen zusammen oder bildet selbst neue an Orten, wo es keine gibt.
Unter den Mitgliedern der ASSAP finden sich Menschen aus den verschiedensten Bereichen des öffentlichen Lebens, die alle der Meinung sind, daß man nur auf wissenschaftlichem Wege eine Lösung für diese Rätsel finden kann. Sie sind weder unkritische »Leichtgläubige« noch übertriebene Skeptiker und lassen sich von den Zeugnissen leiten.

Vorwort

Wir möchten unsere Anerkennung für die wertvolle Arbeit zum Ausdruck bringen, die Forscher und Wissenschaftler in allen Teilen der Erde leisten. Sie haben das Belegmaterial zusammengetragen, aus dem dieses Buch entstanden ist. Einige weitere Quellen des in Buchform publizierten Belegmaterials sind in der Bibliographie verzeichnet. Informationen neuesten Datums über die weiteren Entwicklungen in der Erforschung der Tier-Menschen finden sich in mehreren Zeitschriften, die sich diesem Thema widmen:

Bigfoot Co-op, 14 602 Montevideo Drive, Whittier, CA 90 605, USA

Fortean Times, BM-Fortean Times, London WC1N 3XX, UK

INFO Journal, PO Box 367, Arlington, VA 22 210, USA

The ISC Newsletter, International Society of Cryptozoology, PO Box 43 070, Tucson, AZ 85 733, USA

Pursuit, SITU (The Society for the Investigation of the Unexplained), PO Box 265, Little Silver, NJ 07739, USA

UFONS (UFO Newsclipping Service), Route 1 – Box 220, Plumerville, AR 72 127, USA (has a section devoted to Forteana News).

Die Fotografien wurden mit der freundlichen Genehmigung von René Dahinden/Fortean Picture Library reproduziert, ausgenommen die Seiten 76, 79 und 82, die von Dr. Zhou Guoxing/Fortean Picture Library stammen.

I

Der Großfuß in Nordamerika

Ich traute meinen Augen nicht! Auf eine Entfernung von vielleicht 7 bis 9 Meter konnte ich deutlich erkennen, daß ihre Körper von Haaren bedeckt waren. Sie waren kurz und schwarz wie das Fell eines Labrador-Jagdhundes. Einer ging ein paar Schritte vor dem anderen her und schien etwas an die linke Seite seines Oberkörpers zu pressen. Der zweite war 2,5 bis 5 cm größer als der erste. Ich schätzte ihn auf etwa 1,70 m. Als Anhaltspunkt diente mir die Windschutzscheibe des Wagens.

Das Geschöpf drehte sich halb zu mir, und einen Moment lang konnte ich das Aufblitzen eines weißen Augapfels und die auffällige Wölbung männlicher Genitalien sehen. Ich registrierte auch die Form seiner Hände. Sie waren dick, länglich und kraftvoll.

Ihre Köpfe saßen tief zwischen breiten Schultern. Ihre Schädel waren flach und stiegen von dicken Brauenwülsten schräg zu einer Art konischem Haarbüschel an, das beinahe wie der Ansatz des Scheitelkamms eines jungen Gorillas aussah. Ihre Körper waren eher drahtig als schwerfällig oder muskulös, und ich hatte, vielleicht aus diesem Grunde, den deutlichen Eindruck, daß sie junge oder jugendliche Exemplare ihrer Spezies waren. Ich kann mich nicht daran erinnern, Gesichtszüge wahrgenommen zu haben, und kann auch nicht sagen, ob diese Partie ihres Körpers von dunkler Haut oder von dunklem Haar bedeckt war...

Auf der rechten Seite meines Wagens war eine fast senkrechte, 1,80 Meter hohe Böschung, die auf der anderen Seite steil abfiel. Das kleinere der beiden Geschöpfe verhoffte am Fuß der Böschung, beugte seine

Beine, bis es in einer breiten Sprungposition stand und sprang dann mühelos mit einem Satz hinauf. Dann verschwand es auf der anderen Seite aus meinem Blickfeld. Das größere Geschöpf folgte rasch. Es stieg die Böschung mit zwei Schritten hinauf, und zwar so mühelos wie ein Mensch eine Treppe hinaufgeht. Sie waren so außergewöhnlich behende und bewegten sich so rasch, daß es nach meiner Überzeugung kein Mensch nachmachen könnte.[1]

Verfasser dieses Berichtes war der 54jährige Donald Hepworth, ein Oberinspektor bei der Ontario-Gesellschaft zur Rettung Ertrinkender. Früher war er beim kanadischen militärischen Nachrichtendienst und bei der Londoner Stadtpolizei gewesen. Er beschrieb eine Begegnung, die er am 7. April 1980 mit zwei Exemplaren einer Spezies hatte, deren Existenz heftig umstritten ist. Aber wenn Donald Hepworth keinen Großfuß gesehen hat, was hat er dann gesehen? Obwohl es dunkel wurde, als er auf der US-Bundesstraße 95 durch den Payette National Forest in Idaho fuhr, wurden die Geschöpfe, die er sah, von seinen Autoscheinwerfern hell angestrahlt und waren nur 7,5 bis 9 Meter von ihm entfernt. Ein Mann, der in seinem Beruf schon mit Affen und Bären zu tun hatte, würde sie sicherlich sofort wiedererkennen und gleichzeitig detailliert beschreiben können, was er sieht. Dabei erinnern die Details in mehrfacher Hinsicht an die Berichte anderer Zeugen, die angeblich einen Großfuß gesehen haben.

Donald Hepworth ist beileibe nicht der einzige, der behauptet, diesem geheimnisvollen Tier (oder ist es ein Mensch?) begegnet zu sein. Viele (von denen nur wenige der Gemeinschaft der Wissenschaftler angehören) glauben, daß eine beträchtliche Anzahl von ihnen in den unwegsamen Gebieten des nordamerikanischen Kontinents lebe. Wie glaubwürdig die Berichte über Begegnungen, sowie andere Indizien für die Existenz des Großfußes sind, werden wir in diesem Buch versuchen zu klären.

Aber wenn die Skeptiker recht haben und es keinen Großfuß gibt, dann muß man der Tatsache ins Auge sehen, daß Tausende von Amerikanern und Kanadiern entweder zu Halluzinationen neigen oder notorische Lügner sind oder außerstande sind, Bären, Rotwild und Landstreicher als das zu erkennen, was sie sind.

Ein Teil der Zeugen gehört ohne Zweifel zu einer dieser Kategorien, aber ist man bereit zu glauben, daß alle dazu gehören? Wir haben über 1000 Berichte in unserem *Bigfoot Casebook* gesammelt. Man schätzt jedoch, daß auf jede gemeldete Begegnung 10 ungemeldete kommen. Von den möglichen Gründen dafür ist wahrscheinlich der häufigste, daß die Zeugen befürchten, sich lächerlich zu machen. Außer den Berichten von Begegnungen gibt es viele gemeldete Funde von Fußabdrücken des Großfußes. Letztere gehören zu dem Beweismaterial, das wir in Kapitel 4 untersuchen werden.

Frühe Berichte

Der Großfuß ist nicht erst ein Phänomen der siebziger und achtziger Jahre. Der früheste erhaltene Bericht stammt aus dem Jahre 1818. Damals sah »ein Mann von unanzweifelbarer Glaubwürdigkeit« ein behaartes, menschenähnliches Geschöpf in den Wäldern bei Ellisburgh im Staat New York.[2] Obwohl das Gebiet von Hunderten von Verfolgern gründlich durchsucht wurde, hörte und sah man nichts mehr von diesem »wilden Menschen des Waldes« (wie diese Geschöpfe im 19. Jahrhundert genannt wurden). Dies ist auch ein bekanntes Merkmal der Großfuß-Berichte im 20. Jahrhundert. Immer, wenn ein solches Geschöpf gesehen wurde, verschwindet es anscheinend spurlos. Liegt das an seiner Fähigkeit, sich in unwegsamem Gelände schnell fortzubewegen, oder gibt es eine esoterischere Erklärung?

Seit der Veröffentlichung des »Bigfoot Casebook« sind noch weitere frühe Berichte aufgetaucht. Nach dem ältesten davon soll im Januar 1869 ein »wilder Mensch« in der Nähe von Gallipolis in Ohio eine Kutsche angegriffen haben. Das Geschöpf zerrte einen Mann zu Boden, der mit seiner Tochter unterwegs war. In dem Kampf rettete die Tochter ihrem Vater dadurch das Leben, daß sie einen Felsbrocken nach dem wilden Menschen warf. Sie traf ihn am Kopf, worauf er den Kampf aufgab und in den Wald flüchtete.[3] Ein »wilder Mensch« soll auch jeden Herbst bei Morgantown in Pennsylvania gesehen worden sein.

Nach den Angaben derer, die ihn gesehen haben, ist er beinahe 2 Meter groß, wiegt über 110 kg, geht normalerweise auf allen vieren, ist fast ganz von Haaren bedeckt, stößt schauerliche Schreie aus und gestikuliert heftig. Seine Hände und Füße sind doppelt so groß wie die eines gewöhnlichen Menschen. Insgesamt bietet er einen schrecklichen Anblick. Er nähert sich den Hütten der Siedler in den Bergen, stiehlt ihre Schweine und Schafe und verschwindet dann mit einem teuflischen Lachen in den dichten Wäldern. Die beherzteren Bewohner der Gegend lauern ihm mit dem Gewehr auf, aber immer, wenn sie in Sicht kommen, stößt das Monstrum einen Schrei aus, macht einen Satz, und ehe die Jäger schießen können, ist es verschwunden.[4]

Obwohl dieser Zeitungsbericht über 100 Jahre alt ist, enthält er viele Merkmale, die von heutigen Berichten bestätigt werden: Größe, Gewicht, Behaarung, das Ausstoßen von Lauten, große Hände und Füße, die Gewohnheit, sich ländlichen Siedlungen zu nähern, Viehdiebstähle und die Fähigkeit, schnell zu verschwinden, wenn Gefahr droht. Selbst das regelmäßige, alljährliche Auftauchen ist nicht gänzlich neu, und einige Forscher glauben, daß Großfüße jedes Jahr die gleichen Wanderrouten zurücklegen, möglicherweise auf der Suche nach Futter. Es wurde auch

Ausschnitt aus einer Photographie von einem nichtidentifizierten Geschöpf, das tot im Schnee liegt. Sie wurde von Trappern in Lillooet in Britisch-Kolumbien, Kanada, Anfang des 20. Jahrhunderts gemacht.

berichtet, daß sie manchmal auf allen vieren gehen, wie der »wilde Mensch« von Morgantown.
Daß sich Berichte über den Großfuß in den letzten 100 Jahren wenig geändert haben, zeigt der folgende Zeitungsbericht vom August 1982. Er beschreibt eine Begegnung, die in Ellington in Connecticut zwei Landarbeiter mit dem Großfuß hatten.

David Buckley und John Fuller berichteten der Polizei, sie hätten am Montag kurz vor Mitternacht gerade nach den Kühen in Valley Farms an der Route Nr. 83 sehen wollen, als sie auf das Geschöpf stießen.
»Wir bekamen fast einen Herzanfall! Wir waren nur einen halben Meter von ihm weg«, sagte Buckley heute morgen. Buckley beschrieb »es« als ungefähr 1,80 Meter groß, 140 kg schwer, ungeheuer muskulös, mit langen, dunkelbraunen Haaren am ganzen Körper, Armen, die bis zu den Knien herunterhingen, mit drohen-

den, dunklen Augen und einem furchterregenden Gebiß, sowie mit einer Nase, die mehr einer menschlichen Nase ähnelte als einer Affenschnauze.

»Wir pirschten uns von hinten heran und sahen es auf dem Rand eines Futterkastens sitzen, genau wie ein Mensch«, sagte Buckley. »Es beobachtete die Kühe und hatte seine Hand unten im Futter. Entweder spielte es damit oder aß davon.«

Das Geschöpf drehte sich um, stand schnell auf und sah die beiden Männer. In einer Haltung, die laut Buckley durchaus freundlich gewesen sein könnte, ging es langsam auf Fuller zu. Aber keiner der beiden Männer war daran interessiert, mit dem Wesen Freundschaft zu schließen. Buckley sagte, daß Fuller, der für den Nachtdienst auf der Farm zuständig ist, geschrien habe. Außerdem habe er es versäumt, den Besucher nach seinem Namen zu fragen.

Der geheimnisvolle Kuh-Betrachter drehte sich dann mit ausgestreckten Armen zu Buckley um. Buckley schrie. »Wir hatten den Eindruck, er wollte uns zum Abendessen verspeisen«, sagte er später.

Auf das Schreien von Buckley hin machte das Geschöpf kehrt, lief gemächlich um die Ecke bei den Futtereimern herum und »verschwand spurlos«, wie Buckley berichtete.

Buckley und Fuller, die noch unter Schock standen, rannten in die entgegengesetzte Richtung und riefen die Polizei. »Ich habe noch nie einen Menschen mit solchen Muskeln gesehen«, berichtete Buckley der Polizei. »Nicht einmal Bodybuilding-Trainer.«

Die Landespolizei im Revier C in Stafford dachte, die beiden Männer seien betrunken. »Zuerst haben sie uns nicht geglaubt«, sagte Buckley. »So allmählich kamen ihnen Zweifel, ob wir nicht doch die Wahrheit sagten. Sie gingen mit uns auf die Suche.«

Solange Buckley und Fuller das Gebiet mit einem berittenen Polizisten absuchten, fuhr ein anderer Beamter auf der Straße an Kornfeldern entlang. Buckley meinte, der seltsame Besucher könnte in diese Richtung geflüchtet sein. Man fand nichts.[5]

Da die Polizei keine (für sie) zufriedenstellende Erklärung für den Bericht der beiden Männer geben konnte, meinte sie später, der Täter könnte ein Mensch in einem Gorillaanzug gewesen sein. Das wird als Lösung des Rätsels häufig vorgebracht. Doch man sollte bedenken, daß der Durchschnittsamerikaner eine Vorliebe für Feuerwaffen hat und daß er angesichts eines großen, behaarten Monsters nicht lange fragen, sondern erst einmal wild drauflosschießen wird. Was auch oft geschah. Ein Mensch, der das weiß und trotzdem in einem Gorillaanzug herumläuft, muß schon ein wenig lebensmüde sein.

Der Großfuß in der indianischen Überlieferung

Erst seit 1958 entwickelte sich ein ernsthaftes Interesse am Großfuß auf nationaler Ebene. Damals entdeckte Jerry Crew 40 cm lange und 20 cm breite Spuren von bloßen Füßen um seinen Traktor herum, der auf einer abgelegenen Holzfällerstraße in Nordkalifornien stand. Es gab aber schon in den vorhergehenden Jahrzehnten viele Berichte über Begegnungen in Lokalzeitungen, wobei wohl längst nicht alle Begegnungen gemeldet wurden. Alle diese Berichte aus den Jahren vor 1958 zeigen, daß das Phänomen des Großfußes überall in den Vereinigten Staaten verbreitet war, und zwar spätestens seit Anfang des 19. Jahrhunderts, vielleicht sogar noch früher. In der Überlieferung der amerikanischen Indianer finden sich Hinweise auf mehrere Waldungeheuer, und einige Forscher sind der Meinung, es handle sich dabei um Beschreibungen des Großfußes. Der Wendigo/Windigo/Witiko, ein menschenfressendes Ungeheuer, findet sich in den Sagen der Algonkin-Indianer. Der Stoneclad, ein steingepanzerter Riese, spukt durch die Überlieferung der Tscherokesen. Es gibt noch viele andere Indianermythen dieser Art, aber nur wenig deutet darauf hin, daß die Mehrheit dieser Monster mit dem Großfuß identisch ist. Raymond D. Fogelson, Professor für Anthropologie, meint dazu: »Ich glaube, daß diese mythischen Berichte von Ungeheuern universelle menschliche Probleme ausdrücken. Es geht darum, das unvermeidliche Böse zu rationalisieren, das in unserer Welt vor allem in Form von Angst, Leiden, Krankheit und Tod gegenwärtig ist.«[6] Da aber die meisten Anthropologen und Ethnologen nicht glauben, daß es den Großfuß gibt, würden sie wahrscheinlich *keine* Interpretation unterstützen, die in der indianischen Überlieferung den Großfuß entdecken will, obwohl ein Teil davon anscheinend das Geschöpf beschreibt, das wir heute Großfuß nennen.

Wenn der Großfuß tatsächlich existiert, ist es sehr wahrscheinlich, daß die Indianer ihm häufig begegnet sind, weil sie sich in den Wäldern sehr gut auskennen. Einige Aufzeichnungen scheinen das zu bestätigen, so zum Beispiel die Notizen, die spanische Priester um 1770 machten. Sie hielten fest, daß das Gebiet des Santa Ana-Flusses östlich von Chino in Südkalifornien das Revier des Towis oder Takwis sei, eines riesigen, behaarten Kannibalen. Dieser »Teufel« soll nach verwestem Fleisch gestunken haben und nachts herumgewandert sein. Beides ist charakteristisch für den Großfuß. Die Gabrielino-Indianer hielten diesen »Teufel« für ein Geschöpf aus Fleisch und Blut und nicht für einen Geist oder für ein Gespenst.[7]

In der Wirklichkeit angesiedelt war auch der Großfuß, den Flora Jones, Medizinfrau der Wintu-Indianer, dem Forscher Tom Muzila beschrieb, als er sie 1978 in ihrem Haus im Lake-Shasta-Gebiet besuchte. Nach ihren Aussagen leben die Großfüße in Höhlen, in denen ihre Stammesgenossen manchmal sehr große Knochen finden, die ähnlich wie Menschenknochen aussehen. Die Wintu-Indianer betrachten die Großfüße als einen Stamm von Riesenindianern und treiben Tabakhandel mit ihnen. Sie seien der einzige nordkalifornische Stamm, der mit ihnen umgehen könne. Sie sagte, der Großfuß altere langsam und habe eine sehr niedrige Geburtenrate. In Nordkalifornien gebe es jetzt nur noch ein paar von ihnen. Nach Tom Muzila war Flora Jones »sehr weit weg von der modernen Gesellschaft« und dachte gerne über die Dinge nach, die sie in ihren früheren Tagen am Lagerfeuer gehört hatte.[8] Wenn die am Großfuß interessierten Forscher früher mit den Indianern gesprochen hätten, als ihre Lebensweise noch nicht vom 20. Jahrhundert zerstört war, hätten sie höchstwahrscheinlich eine gute Quelle für Überlieferungen über den Großfuß gehabt.

Früher dachte man, daß der Großfuß nur im westlichen und nordwestlichen Gebiet des nordamerikanischen Kontinents vorkomme, in den Staaten Kalifornien, Oregon, Washington und jenseits der kanadischen Grenze in Britisch-Kolumbien. Auch heute gibt es noch Forscher, die nur Berichte aus diesen Gebieten ernst nehmen. Aber es gibt zu viele Berichte aus anderen Teilen des Kontinents, als daß man alle ignorieren könnte. Der Großfuß ist in den meisten amerikanischen Staaten gesehen worden, von Florida im äußersten Südosten (42 von 1000 Berichten in unserem *Bigfoot Casebook*) bis Alaska ganz im Nordwesten (10 Berichte). Die Forschung hat gezeigt, daß Berichte aus Staaten, die nicht im Nordwesten liegen, öfters überraschende Merkmale aufweisen. So zum Beispiel, daß der Großfuß kugelfest sei (wie der nächste Fall illustriert) oder andere Eigenschaften habe, die nahelegen, daß einige Großfüße vielleicht nicht von dieser Welt sind. (Wir werden diesen wichtigen Aspekt der Großfuß-Forschung im 5. Kapitel erörtern.) Aber abgesehen von Details haben die Berichte über den Großfuß das gleiche Muster: Ein Großfuß begegnet einem Menschen entweder absichtlich (aus

René Dahinden auf der Suche nach dem Großfuß im Jahre 1974 im Gebiet des Stave River, 64 km nordöstlich von Vancouver in Britisch-Kolumbien, Kanada. Ein typisches Großfußgebiet in Nordamerika.

Neugier, wenn er z. B. ländliche Siedlungen aufsucht) oder zufällig (wenn z. B. ein Jäger im Wald unerwartet einen Großfuß sieht). Meistens findet diese Begegnung ein rasches Ende, weil der Mensch entsetzt die Flucht ergreift, was auch kein Wunder ist. Die folgenden drei Fälle sind typisch für solche Berichte, die in den achtziger Jahren aus verschiedenen Teilen Nordamerikas kamen.

Der Fall Fulton, Kentucky 1980

An einem warmen Oktoberabend im Jahre 1980 erhielten Charles Fulton und seine Familie Besuch von einem 2,10 Meter großen, weiß behaarten Großfuß in ihrem Landhaus

in Mason County in Kentucky. Sie saßen vor dem Fernseher, als sie hörten, daß jemand versuchte, die Hintertür zu öffnen. Fulton stand auf, um nachzusehen, und sah ein merkwürdiges Geschöpf auf der Veranda stehen, das einen Hahn in der Hand hielt. Auch seine Schwiegermutter sah es aus der Nähe und sagte später: »Ich habe nie in meinem Leben etwas Ähnliches gesehen. Auf der Veranda stand ein großes, weißes, pelziges Ding. Sein Gesicht bekam ich gar nicht zu sehen, es war oberhalb der 2,10 Meter hohen Türe.« Es sprang von der Veranda herunter, und als es im Hof stand, schoß Fulton zweimal mit seiner Pistole mit Kaliber 22 Lfb darauf. »Ich weiß, daß ich nicht daneben geschossen habe, aber das Geschöpf zuckte nicht einmal zurück und gab keinen Laut von sich, als ich schoß«, sagte er. »Für einen Moment stand es einfach da. Es hätte mich töten können, wenn es gewollt hätte.«
Fulton fiel außerdem auf, daß das Geschöpf bei seinem Rückzug zwar aufrecht ging wie ein Mensch, daß es sich aber wie im Zeitlupentempo bewegte. Der Großfuß flieht im allgemeinen sehr schnell, wenn er gestört wird. Doch wenn dieses Exemplar tatsächlich unempfindlich gegen Pistolenkugeln war, hatte es wahrscheinlich keinen Grund zur Eile! Fulton war sicher, daß das Geschöpf weder ein Bär, noch ein Gorilla, noch ein Mensch in einer Verkleidung war. Die Presseberichte von dem Ereignis bescherten Fulton eine unwillkommene Publizität (er bekam Anrufe von Reportern aus 38 Staaten), und er wurde von vielen Leuten lächerlich gemacht, die seine Geschichte nicht glauben wollten. Dieses Schicksal teilt er mit den meisten Zeugen, die über ihre Begegnungen mit dem Großfuß öffentlich berichten. Aber noch 18 Monate nach der Begebenheit blieb Fulton bei seinen Aussagen: »Es ist mir egal, ob es die Leute glauben oder nicht. Ich weiß, was ich gesehen habe. Ich trinke seit 15 Jahren keinen Alkohol mehr und schlucke keine Drogen.«[9]

New Jersey 1981

Der Großfuß wird in Kentucky nicht oft gesehen (16 von 1000 Berichten im *Bigfoot Casebook*). Ein weiterer Staat im Osten der USA, aus dem wenig Berichte kommen, ist New Jersey (15 Beobachtungen). Aber zwei Angler kamen einem Großfuß im Mai 1981 nahe genug, um ganz sicher zu sein, daß sie dieses Geschöpf nicht kannten. Einer von ihnen sagte: »Ich werde die Überzeugung mit ins Grab nehmen, daß es kein Bär war und auch niemand in einer Verkleidung. Ich erwarte nicht, so etwas je wieder zu Gesicht zu bekommen.« Die beiden waren zum Angeln in dem gut 14 km² großen Newark Watershed-Gebiet gewesen und kehrten abends nach Hause zurück, als ein großes Geschöpf vor ihnen die unbefestigte Straße überquerte. Sie sahen es deutlich im Scheinwerferlicht des Kombiwagens und beschlossen, ihm auf dem Weg nachzufahren, den es eingeschlagen hatte. Sie waren bis auf 1,5 Meter herangekommen, als sie im Schlamm steckenblieben. Sie beschrieben das Geschöpf als »halbmenschlich«, ungefähr 2 Meter groß, gut 250 kg schwer und rotbraun behaart. Es hatte ein flaches Gesicht und Ohren wie ein Mensch. Es ging leicht gebückt, mit schwingenden Armen und geballten Fäusten. Es bewegte sich »wie ein Skilangläufer« und bemerkte anscheinend nichts von der Anwesenheit des Fahrzeugs und seiner Insassen.[10]

Der Fall Freeman, Washington State 1982

Die meistkommentierte Begegnung des Jahres 1982 fand in einem traditionellen Großfußgebiet statt, und zwar in den Wäldern des Staates Washington. Die kurze Begegnung war von besonderer Bedeutung, weil man auch erstklassige Fußabdrücke fand. Zeuge war Paul Freeman, ein 39jähriger Streifenpolizist des amerikanischen Forstdienstes, der im Umatilla National Forest im Walla-Walla-Gebiet arbeitete. Am 10. Juni um 11.30 Uhr war er allein im Wald.

> Es war ein schöner, sonniger Morgen. Ich war ungefähr eine halbe Meile vom Gebiet der Wasserscheide entfernt. Ich stieg aus meinem Lastwagen aus, weil ich auf einem Grat Wapiti-Hirsche gesehen hatte und nachsehen wollte, ob sie Kälber hatten. Ich ging einen alten Holzabfuhrweg hinauf, auf dem ich nicht fahren konnte, weil vom Sturm umgestürzte Bäume quer darüber lagen. Plötzlich sah ich etwas von einer etwa 3 Meter hohen Böschung auf die Straße herunterkommen. Es sah mich ungefähr zur selben Zeit, als ich es sah. Es glich den Bildern von vorgeschichtlichen Menschen, die ich gesehen habe. Es war mit rotbraunen Haaren dicht behaart. Sie waren so dicht, daß man an den Schultern, Armen und Beinen nicht den Körper durchsehen konnte. Aber an der Brust und im Gesicht waren sie dünn genug, um die Haut durchschimmern zu lassen. Sie hatte die Farbe von braunem Leder.
> Ich war etwa 60 Meter von ihm entfernt. Ich stand einfach da und schaute es an, und es schaute mich an. Ich konnte es schwer atmen hören, als sei es gerannt, und ich konnte sehen, daß sich seine Bauchmuskeln bewegten. Aber das war das einzige Geräusch, das es von sich gab. Ich hatte Angst und zog mich vorsichtig ein paar Schritte zurück. Es sträubte das Fell auf Nakken und Schultern, genau wie ein Hund, der jemandem Angst einjagen will... Als es sah, daß ich nicht näher kam, drehte es sich um und ging die Straße hinauf.

Freeman ist 1,90 Meter groß und wiegt 120 kg, aber der Großfuß war etwa 60 cm größer und sehr schwer. Freeman war davon überzeugt, daß er keinen Bären vor sich hatte, da er Bären sehr gut kannte, und ebensowenig einen Menschen in einer Gorillaverkleidung, denn er konnte die Muskelbewegungen in Beinen, Armen und Schultern sehen. »Ich habe jahrelang in der Wildnis gearbeitet und niemals so etwas gesehen.«

Freeman rief von einer Forstdienststation aus Kollegen an, die kurz darauf zu ihm stießen. Gemeinsam fotografierten sie die Fußabdrücke, die das Geschöpf hinterlassen hatte und machten Abgüsse von ihnen. Sie fanden 21 Abdrücke, von denen jeder 35 cm lang und 17 cm breit war und die 1,80 bis 2,40 Meter auseinanderlagen. Etwa eine Woche später wurden in der Nähe weitere Spuren gefunden. Einige hatten sich 2,5 cm tief in den feuchten Boden eingedrückt und stammten offenbar von zwei Exemplaren, deren Gewicht man auf 270 kg schätzte.

Dr. Grover Krantz, Professor für Anthropologie an der Washington State University, der sich jahrelang mit den Spuren von Großfüßen beschäftigt hat, war von den Abdrücken sehr beeindruckt: »Ich glaube, daß das die besten Fußabdrücke eines Sasquatch* sind, die wir bisher überhaupt haben.« Seine Aussage gründete sich auf die Entdeckung von Hautmustern, die man als Tastlinien bezeichnet. Diese feinen Linien sind außerordentlich schwer zu fälschen und zeigen, daß die Füße, die die Spuren hinterließen, einem höheren Primaten gehören, allerdings weder einem Affen noch einem Menschen. »Sie stammen von einem höheren Primaten, den es nicht gibt. Wir haben hier ein interessantes Problem«, kommentierte Dr. Krantz anläßlich einer Pressekonferenz, die im Oktober 1982 an der Universität von Britisch-Kolumbien von der Internationalen Gesellschaft für Kryptozoologie gegeben wurde.[11]

Trotz dieses Beweismaterials von offenbar bester Qualität wird die Stichhaltigkeit des Falles Freeman nicht von allen Großfußforschern einstimmig anerkannt, und während der Entstehung dieses Buches dauerten die Untersuchungen noch an.

* Ein anderer Name für den Großfuß, der indianischen Ursprungs ist.

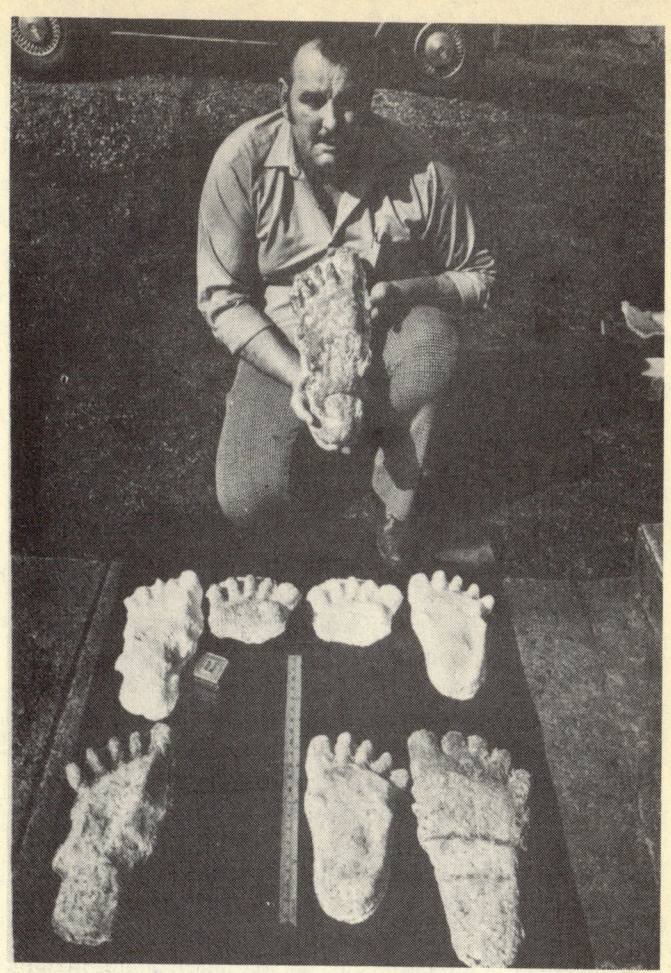

Paul Freeman, der am 10. Juni 1982 einen Großfuß und seine Fußabdrücke im Umatilla National Forest bei Walla Walla im Staat Washington sah.

Typische Beschreibungen von Zeugen

Die Begegnung, die Paul Freeman hatte, könnte als Muster dienen für Begegnungen mit dem Großfuß im allgemeinen. Er sah ein großes, behaartes, menschenähnliches Geschöpf, das aufrecht auf großen Füßen ging. Es hinterließ tiefe Fußabdrücke, die zeigten, daß es viel mehr wiegt als ein Mensch. Es wurde nur kurz gesehen und schien sich im Wald auszukennen. Obwohl viele Berichte im allgemeinen mit dem von Paul Freeman übereinstimmen, finden sich in den Beschreibungen von Zeugen sowohl Unterschiede als auch Ähnlichkeiten bei den Merkmalen, die ihnen besonders auffielen.

Die Körpergröße und die Massigkeit des Großfußes sind auffällige Merkmale, die viele Zeugen erwähnten. Freemans Großfuß war etwa 2,40 Meter groß, und 1,80–2,40 Meter ist die meistgenannte Größe. Gelegentlich wird von besonders großen Exemplaren berichtet, die 3,00, 3,60 oder sogar 4,50 Meter groß sein sollen. Einige dieser Zeugen mögen unbewußt die Größe überschätzt haben, da ihr Urteilsvermögen durch Angst und Verwirrung eingeschränkt war. Aber manchmal konnten die Beobachter besonders großer Großfüße die Körpermaße dieser Geschöpfe ziemlich präzise schätzen. Im Juni 1965 fanden zwei Schürfer bei Pitt Lake in Britisch-Kolumbien in Kanada 60 cm lange Spuren im Schnee und folgten ihnen, bis sie ein Geschöpf an einem nahegelegenen Abhang erblickten. Es beobachtete sie anscheinend, und sie setzten sich hin, um es auch zu beobachten. Da sie sich mit dem Wachstum der Bäume auskannten, konnten sie grob schätzen, wie groß das Geschöpf war. Einer der Männer nannte 3–3,60 Meter, der andere 3,60–4,20 Meter. In Alberta, ebenfalls in Kanada, konnten fünf Männer, die 1969 auf der Baustelle des Big-Horn-Dammes arbeiteten, auf ähnliche Weise die Größe eines rätselhaften Besuchers schätzen. Auch sie verglichen ihn mit den Bäumen, die hinter

ihm wuchsen. Er stand da und sah den Männern etwa eine halbe Stunde zu. Später gingen einige der Männer zu dem Platz hinüber, an dem er gestanden war. Die Männer, die zurückgeblieben waren, stellten erstaunt fest, daß die Männer nur etwa ein Drittel so groß waren wie das Geschöpf, das sie beobachtet hatten. Nach vorsichtiger Schätzung muß das Geschöpf daher mindestens 3,60, möglicherweise 4,50 Meter groß gewesen sein oder sogar noch größer.[12]
In ganz seltenen Fällen beschreiben Zeugen auch kleine Geschöpfe. Im Juli 1955 wurde ein »behaarter, kleiner, grauer Mann ohne Kleider« mehrfach bei Edison in Georgia gesehen. Tant King, ein Landarbeiter, sah ihn als erster, als er Klee mähte. Das Geschöpf war etwa einen Meter groß, kam aufrecht gehend aus dem Wald und ging den Zaun entlang. Obwohl King Angst hatte, beobachtete er das Geschöpf, bis es nach 25 Minuten wieder im Wald verschwand. Man fand frische Spuren, von denen man annahm, daß sie von dem Geschöpf stammten. Sie waren »etwa so groß wie eine Hand und hatten vier Krallen, die seitlich nach außen gedreht waren«. In den darauffolgenden Tagen sahen zwei Frauen, Mutter und Tochter, den kleinen Mann, und zwar je einzeln.[13] Ein neuerer Bericht ähnlichen Inhalts kam im September 1979 aus Bruce in Dakota. Dort wollten drei Dreizehnjährige mehrmals ein affenähnliches Geschöpf von ca. 79–90 cm Größe gesehen haben. Das Geschöpf, das bräunlich war, große Ohren und keinen Schwanz hatte, rannte sehr schnell auf zwei Beinen. Ein Junge kam bis auf 6 Meter an es heran.[14] Interessanterweise beschreiben einige der frühesten Berichte über den Großfuß aus den Jahren um 1830 herum kleine Geschöpfe oder »wilde Kinder«, die behaart und ungefähr 1,20 Meter groß waren.[15]
Auch die Behaarung des Großfußes ist ein Merkmal, das allen Zeugen auffällt. Sie können sich in der Regel an die Farbe der Haare erinnern, die schwarz oder weiß sein kann oder viele Schattierungen dazwischen aufweisen: rot,

schwarzrot, rotbraun, hellbraun, dunkelbraun, dunkelgrau, blaugrau, weißgrau, silberweiß, gelbbraun, rehbraun, beige... Das sind nur einige der Farbbezeichnungen, die die Zeugen nennen, wobei die dunkleren Färbungen überwiegen. Manchmal wird eine ungewöhnliche Farbkombination erwähnt. Der weibliche Großfuß, den William Roe auf dem Mica-Berg in Britisch-Kolumbien im Oktober 1955 aus der Nähe sah, hatte dunkelbraune Haare mit silbrigen Spitzen.[16] Ein 2,10 Meter großer Großfuß, den zwei Jäger bei Bend in Oregon im Oktober 1977 sahen, war schwarz und hatte silberfarbenes Fell an den Schultern.[17] Ganz selten sah man Großfüße mit hellen Halskrausen oder Mähnen. Der »Gorilla« von Traverspine (Labrador, 1913) hatte eine weiße Fellkrause quer über den Oberkopf. Ein Großfuß mit dem Spitznamen Yellow Top (Cobalt, Ontario, 1923 und 1946) hatte eine helle Mähne, und einer, der 1973 bei Lancaster in Pennsylvania gesehen wurde, war grau und hatte eine weiße Mähne.

Auch die Länge der Haare ist unterschiedlich. Im allgemeinen erscheinen sie kurz, aber gelegentlich auch bemerkenswert lang. Das Kopfhaar ist oft länger als das Körperhaar. Ein Mann, der bei Beausejour in Manitoba einen Großfuß sah, berichtete, daß von seinem Hinterkopf lange Haare bis auf die Schultern hinabreichten.[18] Die Haare sind manchmal rauh und verfilzt, manchmal sind sie weich und sehen ordentlich aus. Ein Mann, der in der Nähe der Granite Falls im Staat Washington lebt, sah im August 1980 einen Großfuß, auf den beide Beschreibungen zutrafen. Von der Taille an abwärts war das erdbeerfarbene Fell mit grauen Einsprengseln weich und glänzend. Von der Taille an aufwärts war es verfilzt und durcheinander und fiel in langen und dichten Locken. Der Mann hielt das für einen Hinweis, daß das Geschöpf bei Ortswechseln dem Bach folgte und dabei bis zur Taille im Wasser watete.[19]

Nur wenige Menschen haben einen Großfuß sogar berührt. Die 13jährige Tina Barone könnte dazugehören. Die Fami-

lie Barone lebt auf einer Farm in Brockway Township in Michigan. Im November 1981 ängstigte ein unbekanntes Geschöpf nachts die Familie und die Tiere der Farm mit schrillen Schreien. Außerdem schlich es auf der Farm herum und riß Zäune um. Eines Abends gingen Tina und Roxanne (12) in den Stall hinüber, um nach ihren Pferden zu sehen, weil die Tiere unruhig waren. Als Tina nach dem Lichtschalter tastete, fühlte sie ein Fell. »Zuerst dachte ich, es sei eine Ziege oder so etwas, deshalb zog ich meinen Handschuh aus und berührte es noch einmal«, sagte sie. Aber die Bestie, die mit leuchtend roten Augen auf sie herabstarrte, war keine Ziege. Sie war 60 Zentimeter größer als die Mädchen, und »ihr Fell war ungefähr 2,5 cm lang und ganz verfilzt und schmutzig«. Tinas Mutter bezweifelte, daß das Tier ein Großfuß gewesen sein könnte, was ihr alle nahelegten, die der Sache nachgingen. Als sie erfuhr, daß jemandem aus der Umgebung vor zwei Jahren ein zahmer Bär entflohen war, glaubte sie fest, daß der Bär ihr rätselhafter Besucher gewesen sei. Aber die Biologen, die im Michigan *Department for Natural Resources* für wilde Tiere zuständig sind, hatten ihre Zweifel. Sie waren der Meinung, daß man einen Bären bemerkt hätte. »Bären sind gut sichtbar. Sie sind keine Nachttiere und haben keine natürlichen Feinde; deshalb versuchen sie nicht, sich zu verstecken. Es ist unwahrscheinlich, daß einer in der Gegend sein könnte, ohne daß ihn jemand sieht.«[20]
Zeugen kommen an den Großfuß oft nicht nahe genug heran, um seinen Kopf und sein Gesicht detailliert beschreiben zu können. Auch Angst und Überraschung hindern häufig die Zeugen daran, sich jedes einzelne Merkmal sorgfältig einzuprägen. Aber es scheint ein Konsensus zu bestehen, daß der Großfuß ein flaches Gesicht, dicke Brauenwülste und einen kurzen oder gar keinen Hals hat. William Roe, von dessen Begegnung mit einem weiblichen Großfuß im Jahre 1955 schon die Rede war, hatte Gelegenheit, sich hinzusetzen und dem Großfuß aus einer Entfer-

nung von 6 Metern beim Essen zuzusehen. Er konnte das Gesicht genau betrachten. Er sah bewegliche Lippen, weiße und ebenmäßige Zähne, eine breite, flache Nase, wobei die Lippen und das Kinn weiter vorgewölbt waren als die Nase. Die Ohren waren wie menschliche Ohren geformt. Das Wesen hatte schwarze Augen wie ein Bär. Obwohl das Gesicht insgesamt von Haaren bedeckt war, war es um Mund, Nase und Ohren herum unbehaart und die Haare waren kurz. Der Hals war »nicht wie bei einem Menschen, sondern kürzer und dicker, als ich es je bei Menschen gesehen habe«. Eine weitere detaillierte Beschreibung von Kopf und Gesicht eines Großfußes stammt von Frau Louise Baxter, der ein Großfuß zuschaute, als sie im August 1970 bei North Bonneville im Staat Washington ihre Reifen überprüfte. Es war noch hell, und obwohl sie einen gewaltigen Schreck bekam, beobachtete Frau Baxter genau:

> Das Geschöpf war kokosnußbraun, struppig und sah schmutzig aus. Es drückte eine der riesigen Fäuste an den Mund. Der Mund stand ein Stück weit offen, und ich sah eine Reihe großer, eckiger, weißer Zähne. Der Kopf war groß und schien direkt auf den Schultern zu sitzen. Die Ohren konnte man wegen der langen Kopfhaare nicht sehen. Die Haare waren auf dem Kopf schätzungsweise 5 cm lang. Es hatte ein vorspringendes Kinn und eine fliehende Stirn. Nase und Oberlippe waren weniger behaart, und die Nase war breit und hatte große Nasenlöcher.[21]

Es ist interessant, diese Beschreibungen mit der Zeichnung zu vergleichen, die der russische Forscher Dimitri Bayanow vom Kopf eines weiblichen Großfußes anfertigte, den Roger Patterson im Oktober 1967 bei Bluff Creek in Kalifornien gefilmt hat. Bayanow machte seine Zeichnung (s. S. 123) aufgrund minuziöser Studien der einzelnen Bilder des

Films. Man kann deutlich die vorgezogene Augenbrauenpartie, die breite, flache Nase, die vorstehenden Lippen und den kurzen Hals erkennen. Auffallend ist außerdem, daß der Kopf spitz zuläuft. Dieses Merkmal taucht gelegentlich in Zeugenbeschreibungen auf. Zwei Männer, die am 13. Januar 1980 bei Edgewood in Iowa unterwegs waren, sahen einen Großfuß im Scheinwerferlicht ihres Wagens. Er war 2,10 Meter groß, hatte eine breite Brust, sehr lange Arme, »eine Art spitz zulaufende Krone aus Fell oder Knochen« oben auf dem Kopf und lange Haare, die bis zu den Schultern herunterreichten.[22] Dr. John Napier äußerte sich in seinem Buch *Bigfoot* über »die konische Spitze des Schädels« des von Roger Patterson gefilmten Großfußes. Dieser Knochenkamm ist ein nichtmenschliches Merkmal, kommt aber bei erwachsenen männlichen Gorillas und Orang-Utans vor. Seine Funktion ist, »zusätzliche Ansatzflächen für starke Kiefermuskeln zu bieten, die für große Kiefer und Zähne notwendig sind«. Er fügt hinzu, daß er nur selten bei weiblichen Exemplaren zu finden ist, aber das Geschöpf, das Patterson gefilmt hat, war eindeutig weiblichen Geschlechts, denn es hatte schwere Brüste.

Wenn auch die meisten Zeugen den Details des Gesichtes wenig Beachtung schenken, so werden doch die Augen häufig erwähnt, »rot« und »glühend« sind oftgenannte Wörter. Insgesamt ist Rot die am häufigsten erwähnte Farbe, an zweiter Stelle folgt Grün, und dann werden je einige Fälle von Gelb, Bernstein, Weiß und Schwarz berichtet, sowie Mischungen dieser Farbtöne wie grünlichgelb und blaugrau. Frau Louise Baxter, von deren Begegnung mit einem Großfuß bereits die Rede war, fielen seine Augen ganz besonders auf. Sie waren »das Hervorstechendste, weil sie bernsteinfarben waren und zu glühen schienen, wie die Augen von Tieren, die nachts ins Scheinwerferlicht geraten«. Auch das 1980 bei Granite Falls im Staat Washington gesehene Geschöpf, das schon erwähnt wurde, hatte glühende, bernsteinfarbene Augen, die tief in ihren Höhlen lagen und weit auseinander standen. Glühendrote Augen, oft riesig – »so groß wie Glühbirnen« (Marshall, Michigan, 1956) – werden eher aus den Gegenden berichtet, die nicht zum »traditionellen« Großfußterritorium im Nordwesten gehören. Sie finden sich im Umfeld der eher unheimlichen Berichte, die wir später behandeln werden. Aber rote Augen tauchen doch auch in Berichten aus dem Nordwesten auf, wie z. B. in der Begegnung, die Ken Pettijohn am 19. September 1966 in Yakima in Washington hatte. Bei heftigem Sturm geriet Pettijohn ins Schleudern und würgte den Motor seines Wagens ab. Im Lichtkegel der Scheinwerfer sah er ein grauweißes, 2,10 Meter großes Geschöpf mit flacher Nase, dünnen Lippen und roten Augen, die im Licht der Lampen beinahe fluoreszierten. Als er gebeten wurde, Genaueres über die Augen zu sagen, konnte Pettijohn keine weiteren Details nennen und sagte: »Ich habe mich nicht darauf konzentriert, ihm in die Augen zu schauen.«[23] Dr. Napier erklärt das Phänomen der »Leuchtaugen«, d. h. der reflektierenden Netzhaut in seinem Buch *Bigfoot*.[24] Er sagt, daß die Augen von Nachttieren dadurch grün und die von Tagtieren rot, hellrosa oder weiß wirken.

Von dem kurzen oder fehlenden Hals an abwärts wird der Körper des Geschöpfes meist als schwerfällig und grobschlächtig beschrieben. Das Geschöpf steht in der Regel aufrecht oder leicht vornübergebeugt. Männliche Genitalien fallen selten ins Auge, aber bei weiblichen Exemplaren kann man deutlich Brüste erkennen, wie bei dem Großfuß, den Charles Jackson und sein kleiner Sohn am 12. Juli 1969 auf ihrem kleinen Bauernhof bei Oroville in Kalifornien sahen. Sie hatten im Garten ein Feuer angezündet und schauten zu, wie es brannte, als sie hinter sich ein Geräusch hörten und sich umdrehten. Sie erblickten ein 2,40 Meter großes, behaartes Geschöpf, das etwa 4,50 Meter von ihnen entfernt an einem alten Gebäude stand. »Es schaute seltsam drein, irgendwie verwirrt, als wüßte es nicht recht, was wir da taten. Später dachte ich, es müsse schon vorher Kontakt mit Menschen gehabt haben. Es fürchtete sich anscheinend nicht vor uns. Aber Herr Jackson und sein Sohn fürchteten sich und rannten ins Haus. Erstaunlicherweise verkrochen sich auch die Hunde. Herr Jackson erstattete dem Forscher René Dahinden, der ihn ein paar Tage später besuchte, ausführlich Bericht. Dahinden war von der Geschichte außerordentlich beeindruckt.

> Es sah zugleich aus wie ein Affe und wie ein Mensch. Es hatte längere Beine als ein Mensch. Es stand und ging aufrecht, und als es später wegging, schwang es seine Arme wie ein Mensch. Die Brust und das Gesicht waren fast unbehaart, und das Gesicht war wie das eines Negers. Die Haut war fast schwarz. Die Handflächen waren heller, beinahe gelblich. Die Schultern waren zwischen 90 cm und 1,20 Meter breit und hatten stark hervortretende Muskeln. Es hatte keinen Hals. Die Arme waren klobig und sehr muskulös, und die Hände hatten lange Finger. Es hatte große, flache Brüste, die etwa bis zum Nabel herunterhingen. Die Haare auf seinem Kopf sahen aus wie die einer Frau, die sie monatelang nicht gewaschen hat. Sie waren hellgrau und schienen von verkrustetem Schmutz durchsetzt zu sein. Die Füße waren etwa 35-38 cm lang, sehr flach und sehr breit.[25]

Herr Jackson bemerkte, daß die Arme klobig und muskulös waren. Andere Zeugen beschreiben sie gelegentlich als ziemlich lang, wie z. B. die beiden Jäger bei Pitt Lake in Britisch-Kolumbien im Juni 1965, die schon erwähnt wurden. Ihr Großfuß hatte lange Arme, die bis unterhalb der Knie herabbaumelten. Die Hände des Großfußes sind im allgemeinen groß, aber gleichen sonst menschlichen Händen. Krallen werden selten erwähnt und dann nur in den eher unheimlichen Berichten aus den Gebieten fern des Nordwestens. Die Beine und der Gang sind ähnlich wie beim Menschen, aber die Schritte sind oft sehr lang. Dr. Dimitri D. Donskoy, ein russischer Experte für Biomechanik, analysierte die Bewegungen des Großfußes, den Roger Patterson gefilmt hatte. Er stellte fest, daß der Gang zwar ähnlich wie der des Menschen war, aber eher wie der Gang beim Skilanglauf, bei dem die Knie stark gebeugt werden. Der Gang zeigte, daß das Geschöpf schwer war und starke, sehr lockere Muskeln besaß, die es besser nutzte als der Mensch seine Muskeln. An einer Stelle des Films ist die Fußsohle des Geschöpfes sichtbar, und man kann sehen, daß der Fuß – im Gegensatz zum menschlichen Fuß – keine Wölbung an der Innenseite hat. Dr. Donskoy meinte, daß »das Fehlen einer Wölbung durch das große Gewicht des Geschöpfes verursacht sein könnte«.[26] Großfüße haben viele Fußabdrücke unterschiedlicher Qualität hinterlassen, die die Forscher studieren können (s. Kapitel 4), aber aus naheliegenden Gründen gibt es wenige Zeugenbeschreibungen von den Füßen des Großfußes. Daher ist das Beweismaterial des Films von Patterson besonders wertvoll. Was auf dem Film zu sehen ist, stimmt mit dem überein, was man durch die Untersuchung der deutlichsten Fußabdrücke erfahren hat.

Nachdem nun der »typische« Großfuß beschrieben wurde, sollte man vielleicht hinzufügen, daß es natürlich Ausnahmen von dieser vorherrschenden Art der Beschreibungen gibt. Einige von ihnen sind ziemlich merkwürdig, aber die meisten der Besonderheiten werden von mehr als einem Zeugen beschrieben, deren Begegnungen mit dem Großfuß zu unterschiedlichen Zeiten und an ganz verschiedenen Orten stattfanden. Es gibt beispielsweise ein paar Berichte über Großfüße mit Schwänzen. Einer, der im Herbst 1973 an verschiedenen Stellen von Bauern in der Gegend um Albany in Kentucky gesehen wurde, hatte einen langen, schwarzen, buschigen Schwanz.[27] Als »buschig« wurde

Charles Jackson und sein Sohn zeigen in Oroville, Kalifornien, an welcher Stelle sie am 12. August 1969 einen Großfuß sahen.

Douglas Trapp hält Gipsabdrücke hoch, die er von 37 cm langen und 12 cm breiten Großfußabdrücken machte. Er fand sie am Stillaguamish River bei Verlot im Staat Washington am 5. September 1980.

auch der Schwanz eines Großfußes bezeichnet, der im Juni 1969 in Mamquam in Britisch-Kolumbien gesehen wurde.[28] Alle beide hinterließen Fußabdrücke, die nur drei Zehen zeigten. Wir haben auch ein paar Berichte davon, daß Großfüße auf allen vieren liefen, obwohl man sie auch aufrecht hatte gehen sehen. Die entsprechenden Berichte, die wir aufgenommen haben, stammen aus Labrador (1913), Ohio (1964 und 1968) und Indiana (1962 und 1972). Außerdem finden sich als Besonderheiten spitze Ohren, ein grünlicher Schimmer, Hörner, das Fehlen von Armen, ein Kopf, der größer als der Körper ist, Fangzähne, sowie drei Beine. Einige dieser Merkmale dürften aber das Ergebnis einer durch Angst beeinträchtigen Wahrnehmung sein.

Zu häufig, als daß es sich um Einbildung, Angst oder

Zufall handeln könnte, wird auch ein übler Geruch erwähnt. In unseren Aufzeichnungen finden sich viele anschauliche Ausdrücke, die zeigen, was für einen starken Eindruck der Geruch auf die Zeugen machte, fast so stark wie der Anblick des Großfußes! Hier ein paar Beispiele aus neueren Berichten:

> »... der Geruch war unbeschreiblich – ein wirklich fauliger Geruch – wie von etwas Totem« (Malad, Idaho, August 1980)
>
> »... wie ungewaschene Achselhöhlen« (Blackfoot Reservoir, Idaho, Juli 1980)
>
> »... wie eine offene Senkgrube« (Northwest River Park, Virginia, Juni 1981)
>
> »... Kloakengeruch, schlimmer als der Gestank von Schweinen« (Vici, Oklahoma, Anfang 1982)
>
> »... es stank wie eine halbverfaulte Bärenhaut« (Mount Shasta, Kalifornien, September 1976)
>
> »... ekelhaft und Übelkeit erregend... etwas wie eine Mischung aus verwesendem Fleisch und faulendem Gemüse« (Sharpsville, Indiana, Juni/Juli 1971)
>
> »... wie ein Hund, den man ein Jahr lang nicht gebadet hat und der plötzlich in den Regen kommt« (Tavernier, Florida, 1977)

Bei weitem nicht alle, die einen Großfuß gesehen haben, berichten jedoch von einem üblen Geruch. John Green, ein kanadischer Forscher, der die umfangreichste Sammlung von Material über den Großfuß besitzt, gibt an, daß nur 5,6% der Berichte in irgendeiner Weise auf den Geruch Bezug nehmen.[29] Wenn die Zeugen einen Geruch bemerkt hätten und wenn er so überwältigend gewesen wäre, wie oben angeführt, hätten die Zeugen gewiß nicht vergessen, ihn zu erwähnen. Die Erklärungsversuche dazu sind vielfältig: Der Geruch soll dadurch zustande kommen, daß das Geschöpf Müll durchwühlt oder durch Abwässer watet.

Der Großfuß soll sich in verwesenden Kadavern wälzen. Der Geruch soll von Drüsen erzeugt und vom Großfuß kontrollierbar sein und die Funktion eines Verteidigungsmechanismus haben, der Menschen auf Abstand halten soll. Ivan T. Sanderson, ein Zoologe, der sich gründlich mit Studien über Tier-Menschen befaßt hat, war jedoch nicht überrascht über die zahlreichen Berichte, die den starken Geruch der Geschöpfe erwähnten. In seinem Buch *Abominable Snowmen: Legend Come to Life* (Abscheuliche Schneemenschen: Eine Legende wird Wirklichkeit) gab er mehrere Beispiele von Gerüchen, die er festgestellt hatte, einschließlich des Übelkeit erregenden Gestankes, den die »netten kleinen Pygmäen« der Ituriwälder im Kongo in Afrika von sich geben. Nach Sanderson stinken aber die Primaten am meisten,[30] was ein weiterer Hinweis auf die Identität des Großfußes sein könnte.

2

Der Großfuß im Himalaja und in der UdSSR

Obwohl sich dieses Buch in erster Linie mit dem Großfuß in Nordamerika befaßt, da er von allen behaarten Tier-Menschen am besten bekannt und belegt ist, kennt man solche Geschöpfe auch in vielen anderen Teilen der Erde. Tatsächlich gibt es in allen Kontinenten außer Europa noch lebendige Überlieferungen von Tier-Menschen, und nach den folkloristischen Erzählungen vieler europäischer Länder zu urteilen, gab es auch in Europa früher einmal Tier-Menschen. Dieser Kontinent ist heute zu dicht besiedelt, um solchen Geschöpfen ausreichend ungestörten Lebensraum zu bieten. Die noch übrigen gebirgigen oder dünn besiedelten Gebiete sind offenbar keine günstigen Lebensräume, möglicherweise weil sie dort keine geeignete Nahrung finden.
In allen anderen Kontinenten gibt es immer noch genügend unbewohntes Territorium mit einer Flora und Fauna, in denen Gruppen von Tier-Menschen überleben könnten. Von Zeit zu Zeit gelangen Berichte von Begegnungen aus abgelegenen Winkeln der Welt in die Medien. Der nordamerikanische Großfuß ist deshalb weltweit bekannt geworden, weil die Zeugen sehr medienorientiert sind. Viele zögern nicht, ihre Begegnungen durch die Presse der Welt bekanntzugeben. In einigen anderen Ländern, in denen man Tier-Menschen beobachtet, sehen die Zeugen wahrscheinlich selten eine Zeitung. Sie würden kaum auf den Gedanken kommen, jemandem von ihrer Begegnung zu berichten. Die meisten Informationen stammen von Reisenden, die abgelegene Gebiete besucht und dort Einheimische gefragt haben, ob irgend jemand Tier-Menschen gesehen habe. Daher kann man von der Anzahl der veröffentlichten Berichte nicht auf die Zahl der noch lebenden

Tier-Menschen schließen. Es ist gut möglich, daß der nordamerikanische Großfußbestand kleiner ist als der Bestand an Tier-Menschen, die in abgelegeneren und weniger erforschten Gebieten tief in Asien, Afrika, Australien oder Südamerika leben.

Wenn wir diese Geschöpfe als »Tier-Menschen« oder mit ihrem lokal gebräuchlichen Namen bezeichnen, so unterscheidet sie das vom nordamerikanischen Großfuß. Es ist nicht sicher, daß sich die Berichte aus der ganzen Welt auf das gleiche Geschöpf beziehen. Einige könnten einer unbekannten Menschenart angehören, andere könnten Riesenaffen sein. Jeder Tier-Mensch hat in seinem Land einen oder mehrere Namen bekommen, wie der Großfuß/Sasquatch in Nordamerika. Wir werden unsere Blitztour durch die Wildnisse der Erde im Himalajagebirge beginnen, in der Heimat des bekanntesten Tier-Menschen – des Yeti oder »Abscheulichen Schneemenschen«.*

Der Yeti

Obwohl der Yeti der bekannteste Tier-Mensch ist, wurde er äußerst selten gesehen. Von seiner Existenz zeugen fast ausschließlich Fußabdrücke im Schnee. Ein früher, wenn auch nicht der erste, Bericht aus einer zuverlässigen Quelle findet sich in *Among the Himalayas* von Major L. A. Waddell. Er reiste 1889 von Darjeeling ins nordöstliche Sikkim und berichtete in seinem Buch davon, daß er selbst Fußabdrücke gesehen habe:

> Große Fußspuren im Schnee kreuzten unseren Weg und führten zu den höheren Gipfeln hinauf. Sie waren angeblich die Spuren der behaarten wilden Menschen, die im ewigen Schnee leben sollen, wie die mythischen wei-

---

* Eine Übersetzung von »metoh kangmi«, dem Namen, den die eingeborenen Träger benutzen.

ßen Löwen, deren Gebrüll bei Stürmen zu hören sein soll. Der Glaube an diese Geschöpfe ist in ganz Tibet verbreitet. Trotzdem konnte keiner der vielen Tibeter, die ich zu diesem Thema befragte, einen authentischen Fall anführen.[1]

Obwohl Major Waddell bei der eingeborenen Bevölkerung des Himalaja keinen Erfolg hatte, haben spätere Forscher viele Personen angetroffen, die das Geschöpf selbst gesehen haben wollten. Wir werden davon berichten.
Seit der Major vor hundert Jahren die Fußspuren sah, die möglicherweise von einem Yeti stammten, haben viele weitere Forscher aus dem Himalaja ähnliches berichtet. Wie beim nordamerikanischen Großfuß sieht man häufiger Fußspuren als das Geschöpf selbst. Besonders in den Jahren von 1970–1980 fand man zahlreiche Fußspuren. Im Dezember 1972 entdeckten Edward W. Cronin jr., ein amerikanischer Zoologe, der bei der Wildlife-Expedition ins Aruntal leitender Wissenschaftler war, und Dr. Howard Emery Spuren im Schnee vor ihrem Zelt. Es stand 3600 Meter hoch auf dem Berg Kongmaa Laa im östlichen Nepal. Die Spuren waren 21 auf 12 cm groß, ließen deutlich einen dicken großen Zehen, vier kleinere Zehen und eine breite, runde Ferse erkennen. Sie ließen auf ein Geschöpf von 75 kg Gewicht schließen, das aufrecht ging. Cronin fand keine andere Erklärung, als daß ihnen ein Yeti einen nächtlichen Besuch abgestattet hatte. Die Spuren sahen ganz ähnlich aus wie die, die Eric Shipton 21 Jahre früher viele Meilen weit weg fotografiert hatte.[2] Zwei Jahre später fanden Teilnehmer einer polnischen Kletterexpedition 35 cm lange Fußspuren am Fuße des Mount Everest. Auch dieses Geschöpf war offenbar schwer und ging auf zwei Beinen, denn die Männer konnten sehen, daß die Spur über eine Meile weit in einfacher Reihe weiterführte. Der Führer der Mannschaft, Andrew Zawada, meinte dazu: »In den 29 Jahren meiner Bergsteigererfahrung in Europa und

Asien habe ich viele Fußspuren von Bären gesehen, aber was ich am Fuße des Mount Everest sah, macht mich das Unglaubliche glauben.«[3]
Die Bergsteiger Peter Boardman und Joe Tasker äußerten sich nicht so eindeutig über ihre Berührung mit einem rätselhaften Geschöpf zu Beginn des Jahres 1977. Aber sie konnten doch nicht leugnen, daß die Sache merkwürdig war. Sie kampierten auf 5100 Meter Höhe auf dem Changabang im Himalaja, inmitten von Eis und Schnee bei einer Temperatur von minus 18 Grad. Nachts wachten sie an einem Geräusch auf. Ihr Kochgeschirr wurde umgestoßen, und sie hörten schlurfende und knurrende Geräusche. Vorsichtshalber beschlossen sie, der Sache erst am nächsten Morgen auf den Grund zu gehen. Sie stellten dann fest, daß nur eine einzige Sache fehlte: ein Karton mit 36 Tafeln Schokolade. Der Dieb hatte Fußspuren von 30 cm Länge hinterlassen, die zum Zelt hin und von ihm weg führten. Joe Tasker meinte dazu: »Kein bekanntes Lebewesen könnte in dieser Höhe und bei Temperaturen weit unter null Grad ohne Nahrungsmittel existieren und doch war eines da. Ein Yeti? Wer weiß?« Ob Yeti oder nicht, jedenfalls scheint es gewußt zu haben, was es suchte. Die Schokolade war in Plastik verpackt und steckte bei den übrigen Nahrungsmitteln in Rucksäcken. Im vorhergehenden Jahr hatten Joe Tasker und Dick Renshaw bei einer Klettertour auf den nahegelegenen Dunagiri unter ähnlichen Umständen Schokolade eingebüßt.[4]
Lord Hunt, Leiter der Expedition zum Mount Everest im Jahre 1953, hat mehrmals seltsame Fußspuren gesehen, zuletzt 1978 bei einem Treck durch Nepal, der zur Erinnerung an die Expedition von 1953 veranstaltet wurde. Lord und Lady Hunt fanden eine Reihe frischer, 35,5 cm langer Fußabdrücke, die offensichtlich von einem schweren Geschöpf stammten, das in den verharschten Schnee einbrach, auf dem normalgewichtige Menschen keinerlei Spuren hinterließen. Sie sahen noch weitere Spuren, und Lady

Hunt hatte den Verdacht, daß ihr Lager die Neugier des Geschöpfes reizte und daß es Futter suchte.[5] Das sind nur einige der in die 70er Jahre fallenden Entdeckungen von Fußspuren. Weil man immer wieder Spuren um Lagerplätze im Gebirge herum findet, liegt die Vermutung nahe, daß die Geschöpfe neugierig auf Menschen und ihre Aktivitäten sind und daß sie vielleicht sogar erkennen, daß die Anwesenheit von Menschen Futter bedeuten könnte. Diese Art von Verhalten ist auch typisch für den nordamerikanischen Großfuß.

Obwohl man die Geschöpfe selbst nur selten sieht, gibt es ein paar gute Berichte. Der vielleicht früheste zuverlässige Bericht stammt von Oberstleutnant C. K. Howard-Bury und seiner Bergsteigermannschaft. Sie versuchten im Jahre 1921 die Nordwand des Mount Everest zu besteigen. Durch Feldstecher beobachteten sie eine Gruppe von dunklen Punkten, die sich in einer Höhe von 6900 Metern über den Schnee bewegten. Als sie später dorthin kamen, fanden sie riesige Fußspuren. Eine nähere Begegnung hatte 1925 N. A. Tombazi, Mitglied der Königlichen Geographischen Gesellschaft Englands, bei einer Fotoexpedition in den Himalaja. Auf einer Höhe von 4500 Metern machten ihn seine Träger in der Nähe des Zemugletschers auf eine menschenähnliche Gestalt aufmerksam, die etwa 180–270 Meter von ihnen entfernt war. Das Geschöpf ging aufrecht und zog an den Büschen des Zwergrhododendron. Es hob sich dunkel vom Schnee ab und trug anscheinend keine Kleider. Es verschwand bald zwischen dichten Büschen. Später konnte Tombazi zu dem Platz hingehen, an dem er das Geschöpf gesehen hatte, und fand menschenähnliche Fußspuren von 15–17 cm Länge.[6]

Außer gelegentlichen Funden von Spuren oder Beobachtungen der Geschöpfe selbst standen einigen europäischen Reisenden Berichte von zuverlässigen eingeborenen Zeugen zur Verfügung. Charles Stonor, ein Wissenschaftler, der 1954 eigens mit einem Team in den Himalaja reiste, um den Yeti zu suchen, sammelte mehrere neuere Berichte. Der Scherpa Pasang Nyima sagte, daß er erst vor drei Monaten einen Yeti gesehen hätte. Er war so groß wie ein kleiner Mann und hatte lange Haare auf dem Kopf, am Körper und an den Schenkeln, aber weniger Haare im Gesicht und an der Brust. Er ging aufrecht und schien nach Wurzeln zu graben. Als er merkte, daß er beobachtet wurde, stieß er einen Schrei aus und rannte, immer noch auf zwei Beinen, in den Wald hinein. Einen weiteren kleinen Yeti konnte Mingma, ein Bewohner des Dorfes Pangboche, im Jahre 1949 von einer Hütte aus beobachten. Er ging mit langen Schritten und etwas vornübergebeugt. Mingma konnte sein Gesicht sehen und nahm eine plattgedrückte Nase wahr, dazu einen hohen, spitz zulaufenden Kopf mit einem Haarbüschel, ein Gesicht, das bis auf wenige, braune Haare an den Seiten der Wangen unbehaart war und große Zähne. Diese bekam er zu sehen, als ihn das Geschöpf durch die Mauerritze hindurch bemerkte, knurrte und seine Zähne bleckte.[7]

Im November 1949 sah eine große Gruppe von Scherpas, darunter auch Sen Tensing, einen Yeti aus etwa 24 Meter Entfernung. Die Männer hatten sich zu einem religiösen Fest im Thyangboche-Kloster versammelt. Das Kloster liegt etwa 3900 Meter hoch. Der Yeti kam plötzlich aus dem Wald. Dieser graue, menschengroße Yeti schien ganz unbekümmert. Er wanderte im Schnee herum, kratzte sich, grunzte und spielte mit dem Schnee, bis ihn der Lärm der von den Mönchen benutzten Gongs, Hörner und Trompeten vertrieb.[8] Es gibt Gerüchte, nach denen nepalesische Eingeborene Yetis gefangen haben sollen, aber sie seien in der Gefangenschaft gestorben und man habe ihre Kadaver nicht aufbewahrt.[9]

Abgesehen von den heftig umstrittenen Skalpen sind wohl die einzigen handfesten Überreste Exkremente, die von der Expedition von 1954 gefunden wurden. Die Analyse ergab eine Nahrungszusammensetzung aus Mäusen, Grün-

zeug und Erde. Die Eingeborenen sagten, daß Yetis kleine Nagetiere, große Insekten und lehmhaltige Erde fressen, letztere vielleicht wegen ihres Mineralgehaltes. Man verdächtigte sie auch, junge Yaks und junges Vieh zu stehlen. In Wirklichkeit sind sie wahrscheinlich Allesfresser, die alles verzehren, was sie finden können – und sie haben offensichtlich eine besondere Vorliebe für Schokolade! Wenn Skeptiker aus dem Westen nur widerwillig Berichte ernstnehmen, die von den Bewohnern der Yeti-Gebiete stammen, dann sind sie vielleicht eher geneigt, dem Bericht von Don Whillans, einem weiteren, berühmten britischen Bergsteiger, zu glauben. Er unternahm 1970 eine Expedition zum Mount Annapurna. Als er eines Abends nach einem Lagerplatz suchte, hörte er ein Geräusch, das einem Vogelruf ähnelte. Der ihn begleitende Scherpa sagte, das sei ein Yeti. Whillans sah kurz eine schwarze Gestalt auf einem Grat in der Ferne. Am nächsten Tag fand er Spuren in der Größe von Männerfüßen, die sich 45 cm tief in den weichen Schnee eingedrückt hatten. Als er am gleichen Abend sein Lager aufgeschlagen hatte, hatte er das Gefühl, das Geschöpf sei immer noch in der Gegend, und streckte den Kopf aus dem Zelt heraus. Im Mondlicht konnte er mit einem Fernglas eine schwarze, affenartige Gestalt beobachten, die an schneebedeckten Ästen von Bäumen zerrte. Nach ungefähr 20 Minuten verschwand sie eilig. Vielleicht hatte sie gemerkt, daß sie beobachtet wurde.[11]
Aus den Beschreibungen, die im Laufe der Jahre gesammelt wurden, konnten die Forscher ein Bild der körperlichen Erscheinung des Yeti entwickeln. Professor René von Nebeski-Wojkowitz, der drei Jahre in Tibet und Sikkim zugebracht hat, bemerkte in seinem Buch *Where the Gods are Mountains*[12] (Wo die Götter Berge sind), daß die Informationen aus den verschiedenen Gebieten des Himalaja übereinstimmten. Man sagte, das Geschöpf sei 2,10–2,25 Meter groß, von dunkelbraunen Haaren bedeckt, habe lange Arme, einen ovalen, spitz zulaufenden Kopf, ein

affenähnliches Gesicht. Auf dem Kopf und im Gesicht habe es weniger Haare. Die Beschreibungen, die der Professor vom Verhalten und vom Lebensraum des Yeti gab, enthalten wichtige Hinweise für die Identifizierung dieses Geschöpfes. Es soll »im undurchdringlichen Dickicht des höchstgelegenen Waldgürtels des Himalaja« leben und tagsüber schlafen. Es soll nachts aktiv werden und sich entweder auf allen vieren oder von Baum zu Baum kletternd durch den Wald bewegen. Es begibt sich auf Schneefelder hinaus, um ein bestimmtes, »salzhaltiges Moos« zu suchen. Ivan Sanderson dachte, daß dieses »salzhaltige Moos« wahrscheinlich eine hochvitaminhaltige Flechte sei,[13] und Bernard Heuvelmans meinte, der Yeti gehe nur dann auf zwei Beinen, wenn er sich durch Schnee bewege, also nicht in seinem normalen Territorium.[14] Aber bevor wir daraus irgendwelche Schlüsse ziehen, müssen wir uns mit den Unterschieden beschäftigen, die von Zeugen über die Körpergröße des Geschöpfes und über die Größe der Fußabdrücke berichtet werden.

Nach Angaben eines tibetischen Lamas gibt es zwei oder sogar drei Arten von Yetis. Die *nyalmo* sind fleischfressende Riesen, die 3,90–4,80 Meter groß sind und im Schnee oberhalb von 3900 Metern Höhe leben. Die *rimi* sind 2,10–2,70 Meter groß, leben auf 3000 bis 3900 Meter Höhe und fressen außer Tieren auch Pflanzen. Die *rackshi bompo* sind so groß wie Menschen. Sie sind möglicherweise mit den *yeh-teh* oder *mi–teh* identisch, von denen die Sherpas erzählen. Sie hinterlassen die so häufig gesehenen, kleinen Fußspuren und könnten die Jungen der *rimi* sein, also keine eigene Spezies. Die *rimi* hinterlassen größere Fußabdrücke und sind die dunklen Gestalten, die man gelegentlich sieht und von denen z. B. auch Don Whillans sprach. Wahrscheinlich sind sie auch identisch mit den von Professor Nebeski-Wojkowitz beschriebenen Geschöpfen. Über den *nyalmo* weiß man am wenigsten. Vielleicht ist er nur ein Mythos.[15]

Im Laufe der Jahre wurden viele Deutungen der Berichte von Yetis diskutiert, wobei man häufig auf bekannte Tiere hingewiesen hat. Man erklärte, die Größe der Fußspuren sei eine Täuschung. Die Sonnenwärme bringe Tierspuren zum Schmelzen, was sie verzerre und größer erscheinen lasse. Aber in den meisten Fällen ist das unwahrscheinlich: die Spuren sind zu deutlich, offensichtlich zu frisch und zu tief in den Schnee eingedrückt. Außerdem sind Tierspuren näher beisammen als echte Yetispuren, und Tierspuren, die schmelzen und dadurch größer werden, rücken näher zusammen oder verschmelzen ganz miteinander. Von allen bekannten Tieren kommt am ehesten der Bär in Frage, denn Bären gibt es im Himalaja, und manchmal gehen sie auch aufrecht. Aber sie gehen eben nicht immer aufrecht, und Bärenspuren sind normalerweise eindeutig identifizierbar. Allerdings ist Vorsicht geboten, weil es zwischen den Fußabdrücken von Bären und denen von Menschen gewisse Ähnlichkeiten gibt, die bei schmelzendem Schnee zu Verwechslungen führen können.[16] Die Zeugen, die tatsächlich Yetis gesehen haben, halten sie nicht für Bären. Auch der Langur-Affe, von dem es im Himalaja zwei Arten gibt, wurde als Kandidat in Betracht gezogen. Aber Langur-Affen werden aufgerichtet nicht größer als 1,30 Meter, und es gibt eine Reihe guter Gründe, warum Yeti-Fußabdrücke keine Langurspuren sein können. Dieses Geschöpf würde außerdem Spuren seines Schwanzes im Schnee hinterlassen.[17] Auch die Ansicht, daß Hindu-Einsiedler, die hoch oben im Himalaja leben, für die Geschichten vom Yeti verantwortlich sein könnten, ist wenig überzeugend. Ihre körperliche Erscheinung paßt nicht zu den Berichten, und selbst wenn sie barfuß wären, würden ihre Füße zu kleine Spuren hinterlassen.
Trotz zahlreicher ausländischer Expeditionen und dem gesamten Wissen und der Erfahrung der dort ansässigen Völker bleibt der Himalaja weitgehend ein geheimnisvolles Gebiet, in dem still und verborgen unbekannte Arten leben

können, wie schon seit Jahrtausenden. Die Region ist nicht gänzlich unbewohnbar, und daß sie noch immer Geheimnisse birgt, zeigt eine Begebenheit Anfang 1982. Damals zog eine Expedition der indischen Armee durch die niedereren Himalajaberge, und die Teilnehmer berichteten, daß sie eine Gruppe nackter Höhlenbewohner entdeckt hätten, die das Feuer nicht kannten und rohes Fleisch aßen. Sie zeigten sich vom Auftauchen der Besucher erschreckt und schienen keinen Kontakt mit der übrigen Welt zu haben.[18] Solange man keinen Yeti getötet oder gefangen hat, ist über die Identität dieses geheimnisvollsten Bewohners des Himalaja keine Gewißheit zu erlangen. Professor Heuvelmans meint aber, er sei ein großer, auf zwei Beinen gehender, anthropoider Affe, der möglicherweise mit dem Gigantopithecus verwandt ist, einem Riesenprimaten, von dem man einige Überreste in China gefunden hat.[19] Desmond Doig, ein Journalist, der 30 Jahre im Himalaja verbracht und Yetiberichte untersucht hat, glaubt, daß er eine Art des großen Orang-Utan sei, von dem man weiß, daß er einmal in den Dschungeln der Ausläufer des Himalaja gelebt hat. Er hat Menschen, die einen Yeti gesehen haben, eine Auswahl von Bildern verschiedener Tiere vorgelegt, darunter Bilder von Bären und Orang-Utans. Wenn sie zeigen sollen, was dem am ähnlichsten sieht, was sie gesehen haben, wählen sie nach seinen Angaben ausnahmslos die Orang-Utans.[20] Dr. George Schaller, der in Afrika Gorillas untersucht hat, begutachtete Abgüsse der frischen Fußspuren, die Edward W. Cronin jr. auf dem Kongma Laa gefunden hatte, und sagte, daß sie »eine große Ähnlichkeit mit den Spuren des Berggorillas aufweisen«.[21] Wenn man die Unterschiede zwischen den Berichten über Yetis betrachtet, scheint es möglich, daß es sich um verschiedene Geschöpfe handelt. Einige könnten Tiere sein, andere unbekannte, menschenartige Wesen.[22]

Die UdSSR, die Mongolei und China: der Almas

Die Leute reden oft vom Yeti oder vom Abscheulichen Schneemenschen, als sei er ein isoliertes Phänomen, das nur im Himalaja vorkomme. Tatsächlich erstreckt sich die riesige Gebirgskette, zu der auch der Himalaja gehört, im Osten bis nach China hinein und im Westen bis in die UdSSR. Aus beiden Gebieten kommen immer wieder Meldungen über Tier-Menschen.
Der asiatische Raum hat die reichhaltigste Überlieferung von Tier-Menschen. Er dehnt sich von der südlichen Mongolei im Osten (Wüste Gobi und Altaigebirge) mehrere tausend Meilen nach Westen aus. Durch die Dsungarei und das Tien-Shan-Gebirge (nördliches Sinkiang, das zu China gehört und nördlich von Tibet liegt) reicht er weiter nach Westen bis in die südliche UdSSR hinein, über das Pamirgebirge, Kasachstan, Tadschikistan und Usbekistan bis zum Kaukasus, der zwischen dem Kaspischen und dem Schwarzen Meer liegt. Begegnungen wurden auch aus den nördlichen Einöden von Sibirien gemeldet.
In diesen Gebieten wird nicht überwiegend von Fußspuren im Schnee berichtet, wie im Himalaja, sondern die Daten bestehen vor allem aus Meldungen, daß Tier-Menschen oder »Almas« gesehen wurden. »Almas« ist der Name, der in der Mongolei für Tier-Menschen gebräuchlich ist. Wir werden ihn auch für Tier-Menschen in der ganzen UdSSR benützen, um durch den ständigen Wechsel der Namen von Region zu Region keine Verwirrung zu stiften. »Almas« ist auch einer der einfachsten Namen, verglichen mit den über 50 Bezeichnungen, die in der UdSSR und in der Mongolei gebraucht werden, wie z. B. Hü Har Göröös (Schwarzer Tier-Mensch), Snezhnyy Chelovek (Schneemensch), Gul'biyavan (Wilder Mensch), Zhapayy Kishi (Wilder Mensch). Weitere vielgebrauchte Namen sind Chuchunaa (nordöstliches Sibirien), Dev (Pamirgebirge) und Kaptar (Kaukasus).[23]

In diesem schmalen Bändchen können wir lediglich eine repräsentative Auswahl der interessantesten Berichte aus der UdSSR, der Mongolei und China vorstellen. Wir werden unsere kurze Übersicht in der Wüste Gobi in der Mongolei beginnen. Dort bemerkten 1934 zwei Männer, die auf Kamelen reisten, daß ein merkwürdiges, zweibeiniges Geschöpf, das ein kurzhaariges Fell hatte, sie beobachtete. Es rannte davon, und die Männer verfolgten es mit ihren schnellen Kamelen. Die Männer warfen Lassos aus Rohhautleder. Als das Geschöpf das bemerkte, stieß es so durchdringende Schreie aus, daß die Kamele stehen blieben und das Geschöpf entkam.[24]

Bei einer anderen Gelegenheit verschwand ein Teilnehmer einer Kamelkarawane, die durch die Wüste zog, als er nach einer Ruhepause die Kamele wieder zusammentreiben wollte. Die drei Männer, die ihn suchen gingen, fanden vor einer Höhle Spuren eines Kampfes. Sie fanden Abdrücke von Schuhen und von nackten Füßen. Sie wagten sich nicht in die Höhle hinein, aber später auf der Rückkreise gingen sie an den Platz zurück und legten sich auf die Lauer. Als ein behaarter Tier-Mensch aus der Höhle herauskam, erschossen sie ihn und befreiten ihren Kameraden aus seiner Gefangenschaft. Er schwieg beharrlich über das, was ihm zugestoßen war, und blieb »verstört und teilnahmslos«, bis er zwei Monate später starb.[25]

Diese Erzählungen sammelte Professor Rinchen von der Universität von Ulan Bator in der Mongolei, der von 1927 an bis zu seinem Tod im Jahre 1978 Informationen über den Almas in der Wüste Gobi und den benachbarten Gebieten sammelte. Professor Rinchen war Wissenschaftler, aber er wurde von der Gemeinschaft der Wissenschaftler lächerlich gemacht. Das gleiche Schicksal erlitt auch Dr. V. A. Khakhlow, ein Professor für vergleichende Tieranatomie, der 1913 der Kaiserlichen Russischen Akademie der Wissenschaften einen Bericht über Tier-Menschen in Ostasien vorlegte. Diesen Männern, sowie mehreren gebilde-

ten Zeugen, wurde nahegelegt zu vergessen, was sie gesehen und wovon sie gehört hatten. Zum Glück sind ihre Berichte erhalten geblieben.
Der Großteil des Materials von Dr. Khakhlow kam aus der Dsungarei, die südwestlich der Mongolei liegt, und seine Zeugen kamen mit den Tier-Menschen enger in Kontakt, als es sonst üblich ist. Das trifft auch für Berichte aus manchen Teilen der UdSSR zu, wie z. B. für den Kaukasus. Ein Zeuge berichtete Khakhlow, daß er dabei geholfen habe, einen Almas mit Hilfe von Lassos zu fangen. Man habe das Geschöpf aber freigelassen, nachdem die Bewohner der Gegend den durchziehenden Hirten, die den Almas gefangen hatten, versichert hatten, er sei ihnen wohlbekannt und täte Menschen nichts zuleide. Der Gefangene war ein kleines Männchen, von Haaren bedeckt »wie ein junges Kamel«, mit langen Armen, einer gebeugten Haltung, einer schmalen Brust und fliehender Stirn. Er hatte einen riesigen Unterkiefer ohne Kinn, eine kleine Nase mit großen Nasenlöchern und große Ohren, die nach hinten spitz zuliefen wie die eines Fuchses. Außerdem hatte er einen merkwürdigen Auswuchs hinten am Hals. Er bewegte sich mit gebeugten Knien, und seine Zehen standen weit auseinander.
Noch interessanter war ein Bericht von Dr. Khakhlow über einen weiblichen Almas, der in der Nähe des Flusses Manas gefangengehalten wurde. Auch dieses Weibchen wurde schließlich freigelassen, aber der Informant von Dr. Khakhlow konnte es mehrere Monate lang beobachten und sein Aussehen, das dem des soeben beschriebenen Männchens ähnelte, und sein Verhalten beschreiben. Es verhielt sich normalerweise ruhig, zeigte aber die Zähne und kreischte, wenn sich ihm jemand näherte. Es schlief wie ein Kamel: »Es hockte auf dem Boden oder kauerte auf Knien und Ellenbogen, wobei es die Stirn auf den Boden legte und die Handgelenke auf dem Hinterkopf ruhten.« Es aß nur rohes Fleisch, einige Gemüsearten und Korn, später

nahm es auch Brot an. Außerdem fing und verspeiste es auch vorüberfliegende Insekten. Es trank Wasser, das es entweder mit der Zunge schlabberte oder von der vorher ins Wasser getauchten Hand oder dem Arm ableckte.[26]
Die Wissenschaftler in der UdSSR, die heute das Rätsel der Tier-Menschen untersuchen (und dabei mehr Freiheit genießen als ihre Vorgänger), haben ihre Arbeiten veröffentlicht und als Reaktion darauf neuere Berichte aus den Gebieten erhalten, die Dr. Khakhlow erforscht hat. Ein alter Freund und Kollege von Dr. Khakhlow, der in Kasachstan lebt, gab einige neue Berichte weiter. Besonders interessant war der Bericht des Lehrers Anatoli Pecherski. Als er im Juli 1972 mit zwei jugendlichen Schülern in den kirgisischen Bergen wanderte, folgte ihnen ein alter, männlicher Almas, der wahrscheinlich Asthma hatte. Er versuchte, nachts aus ihrem Zelt Futter zu stehlen. Dabei sahen sie seinen behaarten Arm im Licht einer Taschenlampe, als er ihn durch die Türöffnung hereinstreckte. Einmal näherte er sich nachts ihrem Feuer und blieb in nur 3,60–3,90 Meter Entfernung stehen. Der Lehrer geriet in Panik, ging zum Zelt und holte sein Gewehr. Danach sahen sie nichts mehr von dem Almas.[27]
Berichte über wilde Menschen und Tier-Menschen sind in diesen Gegenden seit Jahrhunderten verbreitet und gehören nicht einfach ins Reich der Sage. Ein Manuskript aus dem frühen 15. Jahrhundert beschreibt die Tien Shan-Gebirgskette, die im Grenzgebiet von China und der UdSSR liegt, also dem Großbereich, aus dem auch die zitierten Berichte aus dem 20. Jahrhundert stammen.

> In den Bergen selbst leben wilde Menschen, die mit anderen Menschen nichts gemeinsam haben. Ein Pelz bedeckt den ganzen Körper dieser Geschöpfe. Nur die Hände und das Gesicht sind unbehaart. Sie laufen in den Bergen herum wie die Tiere, essen Blätter und Gras und was immer sie sonst noch finden können. Der Herr-

scher der Gegend schenkte Egidi (einem Tatarenhäuptling, der nach Sibirien reiste) ein Pärchen Waldmenschen, ein Männchen und ein Weibchen.[28]

Die Pamir-Gebirgsgruppe liegt weiter im Süden. Sie ist ein westlicher Ausläufer des Himalaja. Dort grenzen die UdSSR, Afghanistan, Pakistan und China aneinander an. Mehrere bemerkenswerte Berichte kommen von dort. In einem wird die Tötung eines Almas im Jahre 1925 geschildert. Die Geschichte stammt von Generalmajor Michail Stephanowitsch Topilski, der Truppen gegen Teile der Weißen Armee führte und sie dabei bis in die Berge verfolgte. Sie mußten sich in eine Höhle in die Enge zurückziehen. Dann wurde der Eingang der Höhle von einer Lawine verschüttet. Ein Überlebender beschrieb einen Kampf mit behaarten, menschenähnlichen Geschöpfen in der Höhle. Eines von ihnen war vom Schnee verschüttet worden. Die Soldaten gruben die Leiche aus und untersuchten sie sorgfältig. Sie kamen zu dem Schluß, daß sie weder einen Affen, noch einen Menschen vor sich hatten. Da sie den Kadaver nicht transportieren konnten, begruben sie ihn unter einem Steinhaufen.[29] Einige Jahre später, im Jahre 1928, wurde ein Tier-Mensch in einer Mühle in der Gegend von Sanglahk gefangen. Man kettete ihn an und fütterte ihn mit rohem Fleisch und Gerstenkeksen, aber nach etwa zwei Monaten konnte er seine Kette zerreißen und fliehen.[30] B. M. Zdorick, ein russischer Geologe, der von 1926 bis 1938 im Pamirgebirge arbeitete, hatte das Glück, einen schlafenden Tier-Menschen zu entdecken, als er 1934 auf einem abgelegenen Plateau unterwegs war. Er sagte, daß auf dem Weg einige Tropfen Blut und Fetzen von Fell zu sehen waren, die vielleicht von einem Murmeltier stammten, und daß der Boden aufgewühlt war. Ein ihm »unbekanntes Geschöpf« lag auf dem Bauch und schlief. Er konnte weder den Kopf, noch die oberen Gliedmaßen sehen, da sie von einem Busch verdeckt waren, aber er konnte Beine und Füße sehen. Diese waren nackt, schwarz und wohlgeformt. Der Körper des Geschöpfes war von zottigen rotbraunen Haaren bedeckt, die aussahen wie die Wolle eines Yak. Zdorick und sein tadschikischer Führer blieben stehen und betrachteten das Geschöpf einen Augenblick lang erstaunt. Dann zog der Führer Zdorick am Ärmel und bedeutete ihm, sie müßten schnell davonlaufen. Das taten sie sofort, weil der Führer auch Zdorick mit seiner Angst angesteckt hatte.[31]

In späteren Jahren folgten weniger dramatische Berichte über Begegnungen. 1954 sah Pai Hsin, ein chinesischer Filmregisseur, zwei Geschöpfe, die in der Ferne vor ihm her gingen. Sie kümmerten sich weder um Zurufe, noch um Gewehrfeuer. Pai Hsin fand außerdem bei einer anderen Gelegenheit Fußspuren im Schnee. Im August 1957 konnte der Hydrologe A. G. Pronin aus großer Entfernung einen Blick auf eine menschenähnliche Gestalt werfen, die sich vom Schnee abhob. Er arbeitete damals am Rande des Fedchenkogletschers. Auf 500 Meter Entfernung konnte er keine Details erkennen, aber er sah die gebeugte Haltung und die langen Arme des Geschöpfes.[32]

In den letzten Jahren hat eine Gruppe von Leuten, die auf der Suche nach dem Almas sind, regelmäßig Sommerexpeditionen in die Gissarberge veranstaltet. Diese liegen in Tadschikistan im westlichen Pamirgebirge. Sie hatten Erfolg. Sie fanden Fußspuren, konnten flüchtige Blicke auf ihre Beute werfen und Berichte über Begegnungen des Almas mit den Bewohnern der Gegend sammeln. Die Expedition des Jahres 1979, die von Igor Tatsl geleitet wurde, fand Fußspuren rund um ihre Zelte. Vier Abdrücke lagen je 1,20 Meter auseinander. Das ist rund das Doppelte der normalen menschlichen Schrittlänge! Eine Woche später fanden sie ihren besten Abdruck. Er war 34 cm lang und an den Zehen 16 cm breit. Sie machten einen Gipsabguß von dem Fußabdruck (s. Foto S. 57). Sie lernten auch einen ortsansässigen Jäger kennen, Gafar Dschabirow, der behauptete, Mitte der 60er Jahre

Igor Bourtsew zeigt den Abguß eines Fußabdruckes, der am 21. August 1979 in der Gissargruppe des Pamir-Altai-Gebirges in Tadschikistan in der UdSSR gefunden wurde. Der Abdruck war 34 cm lang und an den Zehen 16 cm breit.

einen Almas gesehen zu haben, als er Riedgras mähte. Er fühlte sich irgendwie unbehaglich, drehte sich um und sah einen behaarten Mann, der 15 Meter von ihm entfernt auf einem Felsen saß und ihm zuschaute. Gafar packte sein Gewehr, schloß die Augen und feuerte in Richtung des Geschöpfes. Als er fünf Minuten später die Augen wieder aufmachte, war das Geschöpf verschwunden.[33]

1980 hielt sich die Expedition zwei Monate in dem Gebiet auf. Ihr aufregendstes Ergebnis war eine Begegnung, die die 18jährige Nina Grinjowa gehabt haben wollte. Sie behauptete, auf einem einsamen Nachtspaziergang am Fluß einen Almas mit dem Spitznamen Gosha getroffen zu haben. Sie beschrieb ihn wie folgt:

Er stand etwa 25 Meter weit weg, schaute mich an und durchbohrte mich mit seinem Blick bis auf den Grund meiner Seele. Der Blick war nicht aggressiv, sondern eher wohlwollend, aber er war durchdringend. Die Augen waren groß und glühend. Sie waren nicht hell, aber glühend. Er sah dunkel und zugleich etwas silbrig aus. Ich konnte sehen, daß sein Körper mit Haaren bedeckt war, aber sie waren nicht zottig. Vielleicht waren sie naß. Auf alle Fälle hatten sie einen silbrigen Schimmer. Er war ungefähr zwei Meter groß. Seine Figur war sehr stämmig und breit. Seine Haltung war aufrecht. Er hatte einen kurzen Hals. Der Kopf stand etwas vor, und die Arme hingen lose herunter. Er stand in einer etwas vorgeneigten Position.
Ich hatte keine Angst, als ich ihn sah, und ging langsam auf ihn zu. Als ich etwa fünf Schritte gemacht hatte, streckte ich ihm ein Gummispielzeug entgegen. Es hatte die Form eines Vogels. Ich drückte ein paarmal drauf. Es gab ein quietschendes Geräusch von sich. Tatsl hatte es mir gegeben, damit ich mit dem Geräusch Goshas Aufmerksamkeit erregen könnte. Aber gerade das verdarb alles. Gosha drehte sich plötzlich um, ging rasch den Abhang zum Fluß hinunter und verschwand jenseits der steilen Böschung. Mir fiel auf, wie weich und geschmeidig er sich bewegte, obwohl er sehr schnell lief. Das war nicht der Gang eines Menschen. Er ähnelte mehr dem Gang eines Tieres, dem eines Panthers. Trotz Geröllbrocken und anderer Hindernisse bewegte er sich schnell, weich und sogar anmutig. Er muß einen ausgezeichneten Gleichgewichtssinn haben. Er läuft auf einem steilen, holperigen Abhang wie wir auf einer gepflasterten Straße.[34]

Die Gruppe zeichnete auch einige Berichte von Begegnungen auf, die von Ortsansässigen erzählt wurden. Ein Bericht aus dem Jahre 1975 stammt von Loik Yunusov, einem

Lehrer für tadschikische Sprache und Literatur, und dessen Sohn.

Wir gingen zusammen zu einem Berghang, um dort Gras zu mähen, und mußten die Nacht in einer Schlucht verbringen. Um etwa drei Uhr weckte mich mein Sohn und sagte, jemand nähere sich uns. Darauf hörte ich, daß jemand den Hang herunterkam. Später sah ich zwei dunkle Gestalten, die wie Menschen aussahen, aber sehr groß waren. Als sie näher kamen, gaben sie Geräusche von sich, die bald dem Lockruf eines Rebhuhns, bald dem Bellen eines Hundes, bald dem Heulen eines Schakals glichen. Als sie im Abstand von etwa 30 Meter an uns vorbeigingen, müssen sie uns bemerkt haben. Jetzt kamen sie zornig brummelnd auf uns zu. Ich feuerte aus einem kleinkalibrigen Gewehr einen Schuß über ihre Köpfe hinweg und brüllte laut, um sie zu verscheuchen. Sie flohen in die Schlucht hinunter, aber wir konnten nicht mehr schlafen.[35]

Einhundertsechzig Leute nahmen an der zweimonatigen Expedition im Jahre 1981 teil, die von Mitte Juli bis Mitte September dauerte. Außerdem fanden früher und später im Jahr noch zusätzliche Expeditionen statt. Es wurden keine größeren Entdeckungen gemacht, aber man sichtete ein paarmal etwas aus der Ferne. Nachts wurden große Steine in das Lagerfeuer eine Gruppe geworfen, und man fand einen deutlichen, vierzehigen Fußabdruck, der 49 cm lang war.[36]

Der Kaukasus liegt 2400 km weiter westlich und ist ein Ursprungsgebiet vieler guter Berichte über die Almas. Dieser Lebensraum liegt abgetrennt von den gerade beschriebenen, untereinander verbundenen Gebirgsketten und ist das letzte Rückzugsgebiet des Almas in der Nähe Europas. Ebenso wie das Gissargebirge steht der Kaukasus im Zentrum aktueller Forschungsarbeit. Dr. Marie-Jean Kofman untersucht das Feld der Tier-Menschen seit 1955 und hat seit 1959 mehrmals einige Zeit im Kaukasus gelebt. Während der ersten 20 Jahre ihrer Forschung interviewte sie beinahe 4000 Menschen und gewann auf diesem Wege eine eindrucksvolle Sammlung von Daten über den Almas. Der wohl erstaunlichste Bericht aus dem Kaukasus beschreibt die Gefangennahme eines Almas im Jahre 1941. Dieses Geschöpf wurde von V. S. Karapetjan untersucht, der Oberstleutnant im Sanitätscorps der sowjetischen Armee war. Er berichtete folgendes:

Von Oktober bis Dezember 1941 war unser Infanteriebataillon etwa 30 km außerhalb der Stadt Buinaksk (Dagestan) stationiert. Eines Tages baten mich die Vertreter der Ortsbehörden, einen Mann zu untersuchen, der in den umliegenden Bergen gefangen und in die Hauptstadt des Distrikts gebracht worden war. Mein medizinisches Gutachten wurde benötigt, um herauszufinden, ob dieses merkwürdige Wesen ein verkleideter Spion war.
Zusammen mit zwei Angehörigen der örtlichen Behörden betrat ich einen Schuppen. Als ich fragte, warum ich den Gefangenen in einem kalten Schuppen und nicht in einem warmen Zimmer untersuchen sollte, sagte man mir, daß der Gefangene nicht in einem warmen Zimmer gehalten werden könnte. Er hatte im Haus so heftig geschwitzt, daß sie sich gezwungen sahen, ihn im Schuppen einzusperren.
Ich sehe das Geschöpf, das damals vor mir stand, immer noch vor mir. Es war männlich, nackt und barfuß. Es war zweifelsfrei ein Mensch, denn seine ganze Gestalt war menschlich. Aber die Brust, der Rücken und die Schultern waren von zottigen Haaren dunkelbrauner Farbe bedeckt. Sein Fell ähnelte stark dem Fell eines Bären und war zwei bis drei Zentimeter lang. Das Fell war unterhalb der Brust dünner und weicher. Die Hand-

gelenke waren klobig und nur spärlich behaart. Seine Handflächen und Fußsohlen waren unbehaart. Aber sein Kopfhaar reichte bis zu den Schultern und verdeckte dabei teilweise seine Stirn. Die Kopfhaare fühlten sich außerdem sehr rauh an. Er hatte weder einen Vollbart noch einen Schnurrbart, aber sein ganzes Gesicht war von einem hellen Flaum bedeckt. Die Haare um seinen Mund waren ebenfalls kurz und spärlich.
Der Mann stand mit hängenden Armen völlig aufrecht da. Er war überdurchschnittlich groß, etwa 1,80 Meter. Er stand vor mir wie ein Riese und reckte mir seine mächtige Brust entgegen. Seine Finger waren dick, kräftig und außergewöhnlich lang. Er war insgesamt beträchtlich größer als alle Bewohner dieser Gegend.
Seine Augen sagten mir nichts. Sie waren ausdruckslos und leer. – Es waren die Augen eines Tieres. Er schien mir ein Tier zu sein, weiter nichts.
Wie ich erfuhr, hatte er seit seiner Gefangennahme weder Essen noch Trinken angenommen. Er hatte um nichts gebeten und nichts gesagt. Als er in einem warmen Zimmer gehalten wurde, hatte er heftig geschwitzt. Während ich dort war, führte man ihm zuerst Wasser, später etwas zu essen an den Mund, und jemand streckte ihm die Hand hin. Er reagierte nicht. Ich verkündete mündlich das Ergebnis meiner Untersuchung: Das sei kein verkleideter Mensch, sondern ein wilder Mensch irgendeiner unbekannten Art. Danach kehrte ich zu meiner Einheit zurück und hörte nichts mehr von ihm.[37]

Oberstleutnant Karapetjan erfuhr viele Jahre später, daß man den Gefangenen erschossen hatte. Dr. Kofman besuchte 1959 das Gebiet, in dem die Gefangennahme stattgefunden hatte, und konnte schließlich sogar jemanden ausfindig machen, der an dem Vorfall beteiligt gewesen war. Nur einige Jahre nach der Gefangennahme im Jahre 1941 wurde ein anderer Almas von Muhhammed Tomakow, der einen staatlichen Bauernhof in Kabardin leitete, in eine Falle gelockt. Tomakow jagte im Jahre 1949 ein Geschöpf bis in eine Berghütte. Merkwürdigerweise rannte es auf allen vieren und richtete sich nur auf, wenn es stehenblieb. Diese Eigenschaft wurde gelegentlich auch beim nordamerikanischen Großfuß beobachtet. Tomakow verriegelte die Tür und ging weg, um einen Strick zu holen. Er war überzeugt, daß dieses Geschöpf nicht fähig sei, die Tür zu öffnen. Aber er unterschätzte seine Intelligenz, und als er zurückkam, war die Hütte leer.[38]

Westliche Skeptiker, die an den Berichten der Ortsansässigen zweifeln, sollten immer wieder auf die zahlreichen Beobachtungen hingewiesen werden, die Außenstehende gemacht haben. Darunter sind oft Menschen, die eine wissenschaftliche Ausbildung haben und in der akademischen Welt Ansehen genießen. Wir haben in diesem Buch schon einige solche Begegnungen mit dem Almas beschrieben. Eine weitere hatte Professor V. K. Leontiew, der von Beruf Konservator für wilde Tiere ist. Im Juli 1957 erforschte er das Gagan-Naturschutzgebiet in Dagestan und ging Berichten über »Schneemenschen« nach. Als er einige Tage lang allein im Quellgebiet des Flusses Jurmut unterwegs war, hörte er eines Nachts einen seltsamen, sehr lauten Schrei. »Es war nicht wie der Schrei eines Tieres. Kein mir bekanntes wildes Säugetier und kein Vogel konnte ein solches Geräusch von sich geben; und doch konnte es auch kein Mensch sein.« Am nächsten Tag sah er ein Geschöpf etwa 50–60 Meter von ihm entfernt ein Schneefeld überqueren. »Es ging aufrecht auf den Hinterbeinen und berührte den Boden mit den Händen nicht. Seine Schultern waren ungewöhnlich breit. Sein Körper war von langen, dunklen Haaren bedeckt. Es war ungefähr 2,20 Meter groß.« Der Professor schoß auf die Füße des Geschöpfes, um es bewegungsunfähig zu machen, aber es war offenbar zu weit weg. Der Schuß erschreckte es, und es rannte blitzschnell davon.[39]

Von links nach rechts: Dimitri Bayanow. Oberstleutnant V. S. Karapetjan, René Dahinden und Marie-Jean Kofman. Aufgenommen 1972 in der UdSSR.

Trotz ihrer langjährigen Suche hat Frau Dr. Kofmann immer nur Fußspuren und nie einen Almas gesehen. Aber aufgrund der zahlreichen Augenzeugenberichte, die sie gesammelt hat, ergab sich ein deutliches Bild vom Verhalten dieser Geschöpfe. Sie leben in Höhlen in den Bergen, in den Tälern und Wäldern, in die nur die mutigsten und erfahrensten Bergsteiger gelangen konnten. Sie leben von dem, was die Natur bietet, und ihr Speisezettel wird gelegentlich durch Gaben der Dorfbevölkerung angereichert, die von ihrer Existenz sehr wohl wissen. In früheren Zeiten pflegten die Almas den Bauern bei der Feldarbeit zu helfen.[40] Ein Weibchen namens Zana soll sogar im letzten Jahrhundert in der Gegend von Ochamchir in Abchasien gefangengehalten worden sein. Sie verrichtete einfache häusliche Arbeiten wie Korn mahlen und Brennholz sammeln. Sie hatte sogar Kinder von menschlichen Vätern. Leider wusch sie nach jeder Geburt das neugeborene Kind im Fluß, und die Kinder überlebten das eisige Bad nicht. Später nahmen ihr die Leute des Dorfes die Säuglinge rechtzeitig weg, und vier von ihnen überlebten. Sie entwickelten sich zu fast normalen Männern und Frauen. Zana selbst starb Ende des 19. Jahrhunderts und wurde begraben. Im Jahre 1964 konnte Dr. Boris Porschnew, ein anderer eifriger russischer Forscher, zwei ihrer Enkel aufsuchen und mit ihnen sprechen. Er berichtete, sie hätten dunkle Haut und sähen leicht negroid aus. Der Enkelsohn hatte sehr starke Kiefermuskeln und konnte einen Stuhl samt einem daraufsitzenden Mann mit den Zähnen hochheben. Er hatte auch die Gabe, wilde Tiere und Haustiere nachzuahmen.[41]

Man nimmt an, daß heute weniger als 200 Almas im Kaukasus leben. Durch das fortschreitende Vordringen der Zivilisation in die wilden Regionen ist ihr Lebensraum bedroht. Sie haben keine natürlichen Feinde – außer dem Menschen. Aber man sieht sie immer noch sogar in unmittelbarer Nähe der modernen Zivilisation. Im Juli 1980 mähten drei Teenager Gras an der Autobahn von Nal'čik nach P'atigorsk, die viel von ausländischen Touristen benützt wird. Da bemerkten sie, daß ein behaartes Geschöpf sie beobachtete, das etwa so groß war wie sie selbst. Während sie dastanden und staunten, führte es akrobatische Kunststücke vor, als wolle es sie unterhalten. Es rannte im Eiltempo hin und her, hüpfte und schlug Purzelbäume. Die Jugendlichen hatten das Gefühl, es wolle sie auffordern, mitzumachen. Doch sie trauten sich nicht näher heranzugehen. Schließlich verschwand das Geschöpf in einem nahegelegenen Hanffeld.[42]

Die südlichen Gebirgszüge sind nicht die einzige Region der UdSSR, die bis zum heutigen Tage einen geeigneten Lebensraum für den Almas bietet. Gelegentlich tauchen auch Berichte aus Sibirien auf. Dort sollen die Chuchunaa leben, ein menschenähnlicher Stamm, der den Rentierherden folgt, Rentiere in Fallen fängt und verzehrt. Der Mineraloge P. L. Dravert berichtete in den ersten Jahren dieses Jahrhunderts, er habe wilde, behaarte Geschöpfe an der unteren Lena gesehen.[43] Kürzlich hat das *Technical Journal for Youth* (Technische Zeitschrift für die Jugend) der UdSSR einen langen Artikel veröffentlicht, in dem ausführlich von mehreren Begegnungen in diesem Jahrhundert und sogar von einer aus dem Jahre 1845 berichtet wird. Damals meldeten Jäger, sie hätten einen Almas getötet. Die meisten Berichte kamen aus Jakutien in Ostsibirien, aber man hat auch Almas in der Gegend des Flusses Ob gesehen, etwa 5000 km weiter westlich. Eine frühere Dorfschullehrerin berichtete, daß sie einmal den »Zemlemer«, wie er in ihrer Gegend heißt, gesehen hatte, als sie 20 Jahre alt war. Sie reiste damals mit ihrem Vater am nördlichen Ob entlang und auf die Yamalhalbinsel. Ihr Gastgeber hatte ihnen für diesen Abend versprochen, sie würden den Zemlemer zu Gesicht bekommen.

Um Mitternacht verließen wir unser *choom* (Zelt aus Fell oder Baumrinde). Der Mond stand schon groß und rot am Himmel. Wir warteten ungefähr eine Stunde. Plötzlich begannen die Hunde zu bellen. Einige Dutzend Meter von uns entfernt entdeckte ich einen sehr großen Mann. Unsere *chooms* waren umgeben von einer Purpurweidenhecke, die zwei Meter hoch war. Kopf und Schultern des Mannes überragten sie. Er ging schnell, mit langen Schritten, und bahnte sich seinen Weg direkt durch das Dickicht. Seine Augen glühten wie Laternen. Ich hatte noch nie einen so großen und schrecklichen Mann gesehen. Die Hunde stürzten bellend auf ihn los. Einer, der besonders mutig war oder den unsere Anwesenheit anspornte, rannte ganz zu ihm hin. Der Mann bückte sich, packte den Hund und

schleuderte ihn weit weg. Wir hörten ein Jaulen und
sahen den Körper des Hundes durch die Luft fliegen.
Der Mann ging schnell davon, ohne sich umzudrehen
oder einen Blick auf uns zu werfen.[44]

In Jakutien erzählte die 55jährige Tatjana Ilinitscha Zacharowa, wie sie einmal beim Beerenpflücken in den 20er Jahren einen Chuchunaa sah.

Er pflückte ebenfalls Beeren und stopfte sie sich mit
beiden Händen in den Mund. Als er uns sah, richtete er
sich zu seiner vollen Größe auf. Er war sehr groß und
mager, sicher über zwei Meter groß. Er war mit Rehleder bekleidet und barfuß. Er hatte sehr lange Arme und
auf dem Kopf hatte er zottige Haare. Er hatte ein großes flaches Gesicht wie das eines Menschen, aber es war
viel dunkler gefärbt. Seine Stirn war nieder und sprang
über seinen Augen vor wie der Schirm einer Mütze.
Sein Kinn war groß und breit, viel größer als bei einem
Menschen. Er sah einem menschlichen Wesen sehr ähnlich, doch er war viel größer. Nach ein paar Sekunden
lief er davon. Er rannte sehr schnell und sprang nach
jedem dritten Schritt in die Höhe.[45]

Viele solche Begebenheiten wurden Forschern erzählt. Sie deuten darauf hin, daß es lange Zeit eine lebensfähige Population von Tier-Menschen in Nordsibirien gegeben hat. Aber wie in anderen Gegenden ist die Zahl wohl sinkend und die Geschöpfe ziehen sich in die entlegensten Gebiete zurück.
Ein Blick auf die Karte zeigt, daß östlich von Jakutien die Beringstraße liegt, und von dort ist es nicht weit bis nach Alaska. Es ist reizvoll, sich zu überlegen, ob nicht einst in grauer Vorzeit die russischen Tier-Menschen nach Alaska hinübergewandert sein könnten und sich dann in Nordamerika niedergelassen haben, denn wahrscheinlich waren die

beiden Kontinente einmal durch eine Landbrücke verbunden. Die Mehrzahl der Berichte über den Großfuß kommt von der Westseite des Kontinents, aus Gebieten südlich von Alaska, und es scheint durchaus möglich, daß irgendwann einmal eine solche Wanderung nach Osten stattgefunden hat. Ivan Sanderson erinnert uns daran, daß Tiere wie der amerikanische Elch, der Wapiti und der Braunbär von Sibirien aus in die »Neue Welt« kamen. Auch die amerikanischen Indianer und die Eskimos kamen auf diesem Weg. Warum also nicht auch Tier-Menschen? Selbst wenn es keine Landbrücke gegeben hat, konnte ein Geschöpf, das daran gewöhnt war, im Schnee zu leben, leicht im Winter über das dicke Eis gewandert sein.[46] Eine andere Route wäre der Weg über die weiter südlich gelegenen Aleuten gewesen. Ein Jakute versicherte P. L. Dravert, daß der Chuchunaa manchmal auf den Aleuten auftauchen würde. Einmal fand man einen am Strand liegen. Er lag dort den ganzen Tag, und niemand wagte, ihn zu berühren. Als es Abend wurde, sah man, wie er aufstand und wegging.[47]
Die Migrationstheorie wird von vielen Gemeinsamkeiten zwischen den Tier-Menschen des asiatischen und denen des amerikanischen Kontinents anscheinend gestützt. 1969 veröffentlichte Professor Boris Porschnew eine Arbeit über den russischen Tier-Menschen, die eine detaillierte Beschreibung seiner körperlichen Erscheinung und seines Verhaltens enthält.[48] Die körperlichen Gemeinsamkeiten erstrecken sich auf die verschiedenen Färbungen der Haare, den kurzen Hals, den konischen Kopf, die flache Nase, die langen Arme und den unangenehmen Geruch. Zu den Gemeinsamkeiten im Verhalten gehört, daß er ein Allesfresser ist, nachts aktiv wird und Hunde angreift. Aber es gibt auch einige Unterschiede, besonders hinsichtlich der Körpergröße der Geschöpfe. Porschnew gibt normalerweise zwischen 1,50 und 1,80 Meter an, während in Nordamerika die durchschnittliche Größe bei 2,10–2,40

Professor Boris Porschnew

Meter liegt. Porschnew beschreibt auch die hängenden Brüste des Weibchens, von denen in Nordamerika nur selten die Rede ist (obwohl der Großfuß, den Roger Patterson gesehen und gefilmt hat, große Brüste hatte). Andererseits erwähnt er nirgends glühende Augen, von denen in Nordamerika häufig berichtet wird.

Jeder Vergleich von Gemeinsamkeiten zwischen dem asiatischen und dem amerikanischen Geschöpf wird kompliziert durch die Tatsache, daß es in der UdSSR mehr als einen Typ von Tier-Menschen geben könnte. Im Anschluß an seine Studien über die Tier-Menschen der UdSSR und des Himalaja gab Ivan T. Sanderson bekannt, daß er fünf unterschiedliche Arten identifiziert hätte: »(1) die Bergneandertaler des Westens, (2) den kleinen *Almas*, ebenfalls ein Neandertaler oder einfach ein Primitiver der heißen Wüsten, (3) den bestialischen *Meh-Teh* der tibetischen Hochebene, (4) den gigantischen *Dzu-Teh (Gigantopithecus), Tok* oder *Sasquatch-Typ* und (5) den kleinen, tropischen, im Wald lebenden *Teh-lma* der südlichen Täler.«[49] Auch Dr. Myra Shackley ist der Ansicht, daß einige der Almas Exemplare des Neandertalers sein könnten, aber glaubt nicht, daß der nordamerikanische Großfuß oder die neuerdings aus China gemeldeten Geschöpfe[50] zu dieser Spezies gehören. Auf eine sinnvolle Einordnung werden wir in unserem letzten Kapitel näher eingehen.

3

Der Großfuß in China, Australien, Südostasien, Afrika und Südamerika

Die volkstümlichen Überlieferungen Chinas enthalten viele Hinweise auf wilde Menschen. Doch allem Anschein nach entwickelte sich erst in den 70er Jahren ein ernsthaftes Interesse an der Frage, ob diese Geschichten, die noch immer in den Waldgebieten kursieren, auf Tatsachen beruhen könnten. Obwohl es in China viele abgelegene Gebiete gibt, in denen Tier-Menschen einen geeigneten Lebensraum finden könnten, konzentriert sich die Aufmerksamkeit jetzt auf die Provinz Hubei in Zentralchina. Die meisten neueren Berichte kommen von dort, vor allem aus dem Gebiet von Shennongjia/Fanxian. Es gibt dort dichte Wälder, schneebedeckte Berge, die beinahe 3000 Meter hoch sind, und tiefe Täler mit tropischem Klima. Das sind ideale Refugien für alle Lebewesen, die zurückgezogen leben wollen. Mehrere wissenschaftliche Expeditionen haben die Gegend seit der Mitte der 70er Jahre durchstreift und kehrten mit vielen Berichten von Augenzeugen, mit Haaren und Exkrementen zurück. Sie haben auch Fußabdrücke gefunden, aber sie sind keinem Tier-Menschen begegnet und konnten keine Fotos machen.

Im März 1977 begab sich eine Expedition der Akademie der Wissenschaften mit 110 Mitgliedern (Biologen, Zoologen, Fotografen, Soldaten, ausgerüstet mit Büchsen und Betäubungsgewehren, Tonbandgeräten, Kameras und Hunden) in das Gebiet und suchte 8 Monate lang nach Tier-Menschen. Trotz ihrer guten Ausrüstung hatten sie keinen Erfolg, da die Waldgebiete zum Teil undurchdringlich waren. Aber der Expeditionsleiter Zhou Guoxing, Anthropologe am Museum für Naturgeschichte in Peking, glaubt dennoch, daß ein unbekanntes Geschöpf in den Bergen lebt, weil er mit Leuten gesprochen hat, die es

Das Shennongjia-Waldgebiet in der Provinz Hubei, China

gesehen haben. Außerdem hat er Haare und Kot gesammelt.[1] Im Spätherbst 1979 fanden Wissenschaftler, die in einer Höhe von 2460 m Vermessungsarbeiten durchführten, 100 menschenähnliche Fußabdrücke im Schnee, die 20 bis 43 cm lang waren. Sie fanden auch Exkremente, deren Analyse ergab, daß sie von einem nicht-menschlichen Primaten stammten, der sich von Wurzeln, Blättern, Früchten und Insekten ernährte.[2]

Im Jahre 1980 suchten in China zwei Gruppen von Wissenschaftlern nach Tier-Menschen. Eine kam von der Akademie der Wissenschaften, die ihren Sitz in der Provinz Hubei hat. Die andere kam aus der Provinz Tschekiang, wo die Wissenschaftler ursprünglich Pflanzenvorkommen erforschten, bis sie hörten, man habe einen Affenmenschen gesehen, und daraufhin ihre Expedition verlängerten. Sie fanden Fußspuren, Haare, Kot und Nester aus Ästen, die mit Gras und Blättern gepolstert waren. Einige waren auf dem Boden, andere auf Bäumen, und ihre Konstruktion verriet ein erhebliches Maß an Intelligenz und Kraft bei denen, die sie angelegt hatten. Die Männer entdeckten auch, daß ein Biologielehrer die Hände und Füße eines affenartigen Geschöpfes aufbewahrt hatte, das 1957 von einer Gruppe von Frauen getötet worden war, nachdem es ein kleines Mädchen angegriffen hatte.[3]

Gut 200 Berichte wurden aufgezeichnet. Einige waren so konkret, daß die Wissenschaftler nicht mehr glaubten, daß sie womöglich Phantomen nachjagten. Diese Überzeugung wird von den unerklärlichen physischen Spuren gestützt. Der älteste Bericht eines Augenzeugen, der hier zitiert wurde, stammt aus dem Jahre 1940. Damals arbeitete Wang Zelin, ein Biologiestudent, im Bewässerungskomitee am Gelben Fluß. Er und seine Kollegen sahen einen »wilden Menschen«, der erschossen worden war. Er war etwa zwei Meter groß und hatte ein dichtes, graurotes Fell. Das Gesicht war schmal. Er hatte tiefliegende Augen, hervorstehende Backenknochen und Lippen.[4] Ein weiterer Bericht über eine Tötung stammt aus dem Jahre 1947. Damals verfolgten chinesische Soldaten acht Tier-Menschen im Wald und töteten und verstümmelten schließlich einen von ihnen.[5]

Zu Beginn der 50er Jahre traf Fan Jingquan zweimal einen weiblichen »wilden Menschen« mit einem Jungen, während er im Gebiet von Qin Ling geologische Untersuchungen durchführte. Er hatte gehört, daß »wilde Menschen« im Kastanienwald leben sollten, und hatte einen ortsansässigen Mann überredet, ihm die Stelle zu zeigen. Bei insgesamt drei Besuchen traf er die Mutter mit ihrem Kind zweimal an. Sein Führer hatte ihm geraten, er solle sich vorsichtig nähern, und Fan Jingquan war der Meinung, daß auch wissenschaftliche Expeditionen diese Methode anwenden sollten. Anstatt *en masse* in den Lebensbereich eines bekannt scheuen Geschöpfes einzudringen, sollten

Dr. Zhou Guoxing auf der Suche nach Tier-Menschen im Shennongjia-Waldgebiet in China im Jahre 1977.

sie langsam und etappenweise zu zweit auf die Pirsch gehen, um ihr Wild nicht zu vergrämen.[6]

Ein Sprung von 20 Jahren bringt uns zu unserem nächsten Bericht. Er stammt von Zhang Qilin aus dem Dorf Xikangli:

> Die letzten 30 Jahre oder noch länger ging ich jedes Jahr im September oder Oktober zu den Neun-Drachen-Bergen hinauf, um die Maisernte gegen Affenmenschen zu schützen. Vor 10 Jahren sah ich einmal einen Affenmenschen (etwa 1970). Er kam von Fengshuyang her (wo man die bereits beschriebenen Nester entdeckt hatte). Er war etwa so groß wie eine Haustür und war von rotbraunen Haaren bedeckt. Lange Haare fielen ihm auf die Schultern und ins Gesicht. Er ging aufrecht und schüttelte beim Gehen den Kopf. Ein anderes Mal sah ich einen Affenmenschen in einem Nest in einer

Baumkrone liegen. Er war ganz zutraulich und klatschte in die Hände, als er mich sah. Die meiste Zeit lag er einfach da und futterte Mais. Auf dem Boden war ein ganzer Berg von Maiskolben. Wir wissen, daß sie auch gerne Persimonen und wildwachsende Birnen essen.[7]

Die meisten Berichte von Tier-Menschen stammen aus den 70er Jahren. Das heißt nicht notwendigerweise, daß in diesem Jahrzehnt mehr von ihnen gesehen wurden, sondern es zeugt von einem gesteigerten Interesse der Außenwelt. Außerdem wurden die Zeugen in den verschiedenen Regionen aufgefordert, ihre Beobachtungen zu melden. Im Mai 1975 sah ein 35jähriger Stallknecht namens Gan Mingzhi einen Tier-Menschen aus nächster Nähe. Die Umstände waren so, daß sie ihm leicht hätten gefährlich werden können, wenn das Geschöpf gewalttätig geworden wäre. Er ging am Waldrand entlang:

> Ich hörte rechts von mir ein Geräusch. Ich drehte mich um und sah entsetzt, daß ein Riese dicht hinter mir stand. Er hatte am ganzen Körper Haare und war über 1,80 Meter groß. Ich rief ein paarmal: »Hilfe, Hilfe!« Als ich meinen Stock hob, um nach dem wilden Menschen zu schlagen, packte er ihn. Dabei trat er auch auf meinen linken Fuß. Ich hatte schreckliche Angst, aber der wilde Mensch begann zu lächeln. Dabei öffnete er den Mund und schloß die Augen. Dann spürte ich, daß der Druck auf meinem linken Fuß etwas nachließ. Ich zog ihn stückweise zurück und trat zur Seite. Dann rannte ich davon.

Es wird erzählt, daß Gan aufgrund seiner Angst für zwei Wochen stumm war und daß die Bauern der Gegend ihre Feldarbeit liegen ließen.[8] Aber ihre Angst scheint unbegründet zu sein. Überall auf der Welt wird der verängstigte

menschliche Zeuge gewalttätig und nicht der riesige Tier-Mensch. Dabei könnte er sicherlich einen Menschen so leicht töten, als würde er eine Fliege zerquetschen, wenn er nur wollte. Vieles deutet darauf hin, daß Tier-Menschen harmlos und friedliebend sind. Daß der Mensch mit Waffen auf die Suche nach ihnen geht, zeigt nur seine Ängste und Unsicherheiten in der freien Natur.
Sehr früh am Morgen des 14. Mai 1976 fuhren sechs Wissenschaftler im Auto nach Hause, nachdem sie an einem Treffen in Yunyang in der Provinz Hubei teilgenommen hatten. Plötzlich sahen sie ein rotbehaartes Geschöpf im Licht ihrer Autoscheinwerfer. Es versuchte zu entkommen. Es wollte einen steilen Hang hinaufklettern, rutschte aber zurück. Sie überfuhren es beinahe. Es hockte auf der Straße, und die Männer stiegen aus und umringten es. Sie kamen sehr nahe heran, aber dann warf einer der Männer einen Stein, und das Geschöpf lief in den Wald. Sie sahen, daß es wie ein Mensch Augen hatte, die das Licht nicht reflektierten.[9] Später im selben Monat sahen zwei junge Mädchen, die Brennholz suchten, einen weiblichen Tier-Menschen mit einem männlichen Kind. Er warf das Kleine über einen Graben, über den es allein nicht hinüberkam. Man zeigte den Mädchen Bilder von verschiedenen Tieren, und die Mädchen bezeichneten einen Gorilla als relativ ähnlichstes Bild des Wesens, das sie gesehen hatten.[10]
Gong Yulan, eine Bauersfrau, die in der Qiaoshang-Kommune in der Provinz Hubei lebt, sammelte am 19. Juni 1976 Gras für ihre Schweine, als sie sah, wie ein seltsames, rotbehaartes Geschöpf seinen Rücken an einem Baum rieb (s. Foto S. 79). Später fanden Forscher an dem Baumstamm Haare und analysierten sie. Sie stellten fest, daß Gong Yulan keinen Bär, sondern vielleicht einen Primaten gesehen hat, obwohl das Geschöpf, das sie beschrieb, scheinbar keine Ähnlichkeit mit irgendeiner in der Gegend lebenden Affenart hatte.[11] Ein Jahr später, am 6. Juni 1977, sah Pang Gensheng einen »behaarten Menschen«.

Hier in der Shennongjia-Waldgegend in China sah Gong Yulan (die Frau am Baum) am 19. Juni 1976 einen »wilden Menschen«.

Gensheng mähte Gras in Dadi Gulley in der Gegend von Qin Ling in der Provinz Schansi. Er stand mit dem Rücken an einer Felswand und konnte sich länger als eine Stunde nicht vom Fleck rühren, weil er dem »behaarten Menschen« Auge in Auge gegenüberstand. Obwohl Pang eine Axt in der Hand hielt, benützte er sie nicht, um das Geschöpf zu verjagen. Statt dessen warf er einen Stein, der das Geschöpf verletzte und zum Rückzug veranlaßte. Es rächte sich trotz seiner Größe und Kraft nicht an dem Angreifer. Pang beschrieb es als etwa 2,10 Meter groß, breitschultrig, mit langen Armen und großen Händen. Es hatte eine Schrittlänge von 1,50 Meter.[12]
Einige Wochen später, am 21. Juli 1977, sah Yang Wanchun ebenfalls einen »behaarten Menschen« an derselben Stelle. Obwohl das Geschöpf die Anwesenheit des Menschen bemerkte, kam es immer näher, bis die beiden 1,80

Meter voneinander entfernt waren. Nur noch ein Entwässerungsgraben trennte sie.

Während wir einander gegenüberstanden, gab der behaarte Mensch 11 oder 12 verschiedene Laute von sich. Sie schienen abwechselnd das Tschilpen eines Spatzen, das Bellen eines Hundes, das Wiehern eines Ponys, das Knurren eines Leoparden und das Weinen eines Kindes nachzuahmen. Über eine Stunde lang gab er unaufhörlich diese Laute von sich. Schließlich trat ich ein paar Schritte zurück, hob einen Stein auf und warf ihn dem behaarten Menschen an die Brust. Er schrie auf und rannte in südöstlicher Richtung davon, wobei er vor sich hin schimpfte. Er kletterte ziemlich schnell den Abhang des Hügels hinauf und hielt sich dabei an Ästen und Bäumen fest... Das Geschöpf war ungefähr 7 *chi* (2,30 Meter) groß, die Schultern waren 3 *chi* (1 Meter) breit. Die vorderen Extremitäten waren einen Meter lang und reichten bis unterhalb der Kniescheibe. Der Kopf war größer als der eines Menschen. Die Haare fielen unordentlich bis auf die Schultern. Die Haare der Brauen waren kürzer und verdeckten einen Teil der Stirn. Die Knochen über den Augen waren weit vorgewölbt, und die Augen lagen sehr tief... Vor allem seine Schenkel waren mächtig. Die Kniegelenke sahen nicht sehr biegsam aus, als er ging. Die Füße waren ähnlich wie die eines Menschen. Sie waren vorne breit, hinten schmal und etwa 1 *chi* und 2 *cun* (40 cm) lang. An den Fußabdrücken im schlammigen Boden konnten wir sehen, daß die Fußnägel ziemlich lang und die fünf Zehen deutlich voneinander abgesetzt waren. Es hatte keinen Schwanz. Ganz offensichtlich war es ein männliches Tier. Ich bin Jäger seit meinem 14. Lebensjahr. Ich habe die meisten Tiere des Dschungels gesehen, und das war mit Sicherheit weder ein Schwarzbär noch ein Goldaffe, noch ein *zongyang*, noch ein Riesenpanda![13]

Obwohl die Beschreibung von Yang Wanchun Gemeinsamkeiten mit Beschreibungen von Großfüßen und Tier-Menschen in anderen Gegenden aufweist, muß man doch zwei Abweichungen beachten: Wir haben nie zuvor gehört, daß am Fußabdruck eines Tier-Menschen deutliche Spuren von Fußnägeln zu sehen waren. Außerdem haben, zumindest in Nordamerika, die männlichen Tier-Menschen keine sichtbaren Genitalien, während sie bei dem von Yang Wanchun beobachteten »behaarten Menschen« deutlich sichtbar waren.

Man hat auch in den 80er Jahren weiterhin Tier-Menschen gesehen, und die wissenschaftlichen Anstrengungen, die »wilden Menschen« zu identifizieren, dauern immer noch an. Eine Hypothese über ihre Herkunft besagt, daß sie genetische Rückschläge seien: behaarte Menschen, die von der Gesellschaft ausgeschlossen wurden. – Aber wären sie so groß und überdies so häufig in der ganzen Welt? Einer anderen Hypothese entsprechend sollen die Tier-Menschen Restbestände des Gigantopithecus (eines vorgeschichtlichen Affenmenschen, der in der Gebirgskette lebte, zu der das Shennongjia-Waldgebiet gehört) sein oder ganz einfach heimische Affenarten. Man weiß von vier Arten von Affen, daß sie im Shennongjia-Waldgebiet leben: der Goldene Langur, der rotgesichtige Makak, der »große grüne« Affe und der weißköpfige Langur. Sie sind aber alle ziemlich klein und unterscheiden sich auch in anderer Hinsicht stark von den beschriebenen Tier-Menschen. So haben die Affen alle Schwänze, während eine Reihe von Zeugen ausdrücklich betonte, daß das Geschöpf, das sie gesehen hatten, keinen Schwanz hatte.

Allen Schwierigkeiten zum Trotz hoffen viele Leute nach wie vor, daß die Wissenschaftler eines Tages Erfolg haben werden. Die Schanghaier Zeitung *Wen Hui Bao* berichtete: »In unserem Land mit unserem überlegenen sozialistischen System, mit der Unterstützung der kommunistischen Partei und mit Heerscharen wissenschaftlicher Arbeiter, die ihre

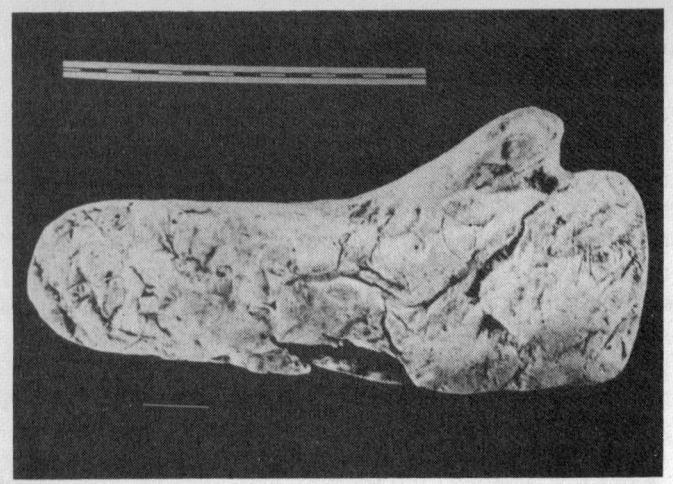

Abguß eines Fußabdruckes, der am 30. August in Tielu Gully im Shennongjia-Waldgebiet in China gefunden wurde.

Aufgabe ernst nehmen, wird das Geheimnis der wilden Menschen von Shennongjia sicherlich bald gelüftet sein.«[14]

Australische Tier-Menschen

Während in China wissenschaftliche Expeditionen offen nach Tier-Menschen suchen und die Ergebnisse ihrer Suche bekanntgeben, geht man in Australien viel diskreter an die Sache heran. Es scheint tatsächlich, als sei jedes Anzeichen, daß Tier-Menschen auf diesem Kontinent leben könnten, der Gemeinde der Wissenschaftler sehr unangenehm. Die Berichte, die veröffentlicht werden, kommen von Journalisten und Amateurforschern. Weil dieser Kontinent erst vor kurzem von Weißen betreten wurde und es auf ihm riesige unbewohnte Gebiete mit Wäldern und Bergen gibt, wäre es aufgrund der Hinweise aus anderen Teilen der Welt erstaunlich, wenn keine Berichte über Tier-Menschen aus Australien kämen. Die früheste bekannte Begegnung mit weißen Männern fand 1795 statt. Eine Gruppe von Känguruhjägern sah in der Nähe von Sydney Cove in New South Wales ein »riesiges, behaartes Untier«. Im 19. und frühen 20. Jahrhundert gab es gelegentlich Presseberichte über Begegnungen,[15] die das beobachtete Geschöpf »Yahoo« oder »behaarten Menschen« nannten. Ein Schäfer, der im Oktober 1844 von Tamworth nach Quirindi in New South Wales reiste, sah einen solchen »Yahoo« und notierte das Erlebnis in seinem Tagebuch:

> Ich schlug mein Lager an einer hochgelegenen Stelle auf dem Ufer des Flüßchens auf, entfachte ein Feuer und machte es mir gemütlich. Mein Hund lag neben mir am Feuer. Ich saß da und rauchte meine Pfeife, während der Mond aufging.
> Etwa eine Stunde später, als man Gegenstände in ungefähr 180 Meter Entfernung von meinem Lager erkennen konnte, hörte ich, wie auf der anderen Seite des Flüßchens ein merkwürdiges Geräusch näherkam.
> Als er etwa 90 Meter weit weg war, konnte ich ihn sehen. Er sah aus wie ein Mensch, war aber größer. Er ähnelte einem Gorilla, war dunkel gefärbt und stieß ein fremdartiges Gebrüll aus. Er ging in Richtung Top Bingara, und das Geräusch wurde allmählich leiser.

Am nächsten Tag schrieb der Schäfer:

> Als es hell wurde, machte ich mich auf den Weg und erreichte Bells Mountain etwa um 9 Uhr. Dort lebt Mister Bridger. Ich machte eine Pause und frühstückte mit ihm. Ich erzählte, was ich in der vergangenen Nacht erlebt hatte, und erfuhr, daß schon mehrere Leute den behaarten Menschen in dieser Gegend gesehen hatten.

Man sah ihn oft in den Bergen in Richtung Gwydir und am Mount Lindsay.[16]

Die meisten Berichte kommen aus Südostaustralien, vor allem aus New South Wales (besonders aus den Blue Mountains) und Queensland (besonders das Gebiet der Gold Coast). In den 70er Jahren gab es eine Flut von Berichten über Beobachtungen, an denen die Medien ein lebhaftes Interesse zeigten. Plötzlich fanden auch Zeugen aus früheren Jahrzehnten den Mut, ihre Erlebnisse zu berichten. Einer von ihnen war ein Mann, der als 10jähriger Junge 1935 auf dem Bauernhof seines Großvaters in South Lismore in New South Wales lebte. Es geschah ungefähr um 9 Uhr in einer mondhellen Winternacht:

> Ich stand auf der Veranda des Hofes, als ich jemanden, den ich für einen Mann hielt, von den Hügeln her durch die Pferdekoppel kommen sah. Als er sich dem Hause näherte, begann das Pferd meines Großvaters im Hof ein Mordspektakel zu machen. Ich kann mich noch gut daran erinnern. Ich ging ins Haus, um meinem Großvater zu sagen, daß jemand käme. Als er heraustrat und sah, was es war, stieß er mich ins Haus, blies die Lampe im Wohnzimmer aus und schnappte sein Gewehr. Dann nahmen mich meine Großeltern mit in die Küche, und wir beobachteten alle zusammen durch ein kleines Fenster, wie das Geschöpf am Haus vorbeiging... Sein Kopf schien nicht auf einem Hals, sondern direkt zwischen den Schultern zu sitzen. Es sah auch aus, als hätte es einen Buckel, aber es stand aufrecht. Es war um die Schultern und um die Brust herum viel dicker als ein Mensch.
> Nachdem es am Haus vorbeigegangen war, zögerte es ein paar Sekunden in der Nähe des Schuppens und ging dann weiter. Mein Großvater dachte, es würde in den Schuppen hineingehen. Wir verloren das Tier aus den

Augen, als es hinter der Molkerei verschwand. Mein Großvater sagte, es sei fort und würde nicht zurückkommen.

Mein Großvater sagte mir, es sei dasselbe Geschöpf gewesen, das er in einer vom Wasser ausgewaschenen Schlucht auf seinem eigenen Grund und Boden erst vor ein paar Jahren gesehen hätte. Er sagte, er sei in die Schlucht geritten, um Guaven zu pflücken. Er habe das Geschöpf auf der einen Seite der Schlucht heruntergekommen, einen kleinen Bach überqueren und auf der anderen Seite den Hügel wieder hinaufklettern sehen. Ich erinnere mich, daß er mir erzählt hatte, daß sein Pferd verrückt gespielt habe, als das Geschöpf in Sicht kam. Mein Großvater sagte, ich solle nicht über das reden, was wir gesehen hatten, denn die Leute würden mir nicht glauben.[17]

Eine Auswahl der Berichte aus den 70er Jahren bestätigt, daß das Geschöpf, das man heutzutage Yowie nennt, dem nordamerikanischen Großfuß sowohl im Aussehen als auch im Verhalten sehr ähnlich ist. Fünf Wanderer, die im dichten Busch von Grose Valley bei Katoomba in New South Wales unterwegs waren, standen am 13. April 1976 plötzlich einem weiblichen Yowie Auge in Auge gegenüber. Sie schätzten, daß er ungefähr 2,40 Meter groß und an den Schultern etwa 1,20 Meter breit war. Hängende Brüste waren durch das dunkelbraune Fell zu sehen, das den Körper bedeckte. Die Menschen und das Tier starrten einander an. Sie waren nur wenige Meter voneinander getrennt, aber der Yowie machte keine Anstalten, sie anzugreifen. Die Menschen bemerkten einen Fäulnisgeruch, ein typisches Merkmal vieler der Großfußberichte.[18]

1976 hatten auch Wanderer im Gebiet der Festungsruine in Jamieson Valley eine unerwartete Begegnung mit den Yowies. Herr Jackson stand im Juli plötzlich einem großen, behaarten, menschenartigen Geschöpf gegenüber. »Ich

konnte seine Gesichtszüge deutlich erkennen. Sie waren fast menschlich. – Es hatte einen fragenden Gesichtsausdruck. Es sprang plötzlich vom Weg herunter, die Böschung hinab und verschwand zwischen den Bäumen.«
Zwei Monate später hörten Ian Mack und Donald Huston merkwürdige Geräusche, als sie nachts an ihrem Lagerfeuer saßen. Plötzlich tauchten vier »behaarte, menschen- und affenartige« Geschöpfe auf, die aber schnell wieder verschwanden, als sich die Jungen bewegten. Diese Geschöpfe waren nur etwa 1,50 Meter groß. Vielleicht waren es junge Yowies auf einem nächtlichen Ausflug.[19]
Zu Beginn des Jahres 1977 machte man ein riesiges, schwarzes, pelziges Geschöpf für Schreie verantwortlich, die mehreren Familien, die auf Oxley Island, einer Flußinsel bei Taree in New South Wales lebten, fast das Blut in den Adern gerinnen ließen. Frau Gee sah das Geschöpf am Ende eines Landungssteges stehen und die Arme schwenken. Sie sagte, es sähe wie ein riesiger Affe aus. Man fand auch Fußabdrücke und bemerkte einen starken Geruch.[20]
Ebenfalls 1977 hatte eine Hausfrau in Woodenbong in New South Wales ein schreckenerregendes Erlebnis. Sie erwachte und sah, wie ihr Terrier von einem affenartigen Geschöpf auf dem Boden zerschmettert wurde. Als das Wesen sie sah, ließ es den Hund fallen, gab ein paar tiefe, grunzende Laute von sich und rannte davon. Auch diese Zeugin bemerkte, daß der Yowie stark roch. Bei Tageslicht fand man einen Fußabdruck von 22 cm Länge im Garten, und rötlichbraune Haare klebten an einem Pfosten, an dem der Yowie vorbeigestreift war.[21]
Zu Beginn des Jahres 1978 hatte ein Arbeiter in einem Naturschutzgebiet eine typische Begegnung mit einem etwa 2 Meter großen Yowie. Er fällte Holz in der Gegend von Springbrook an der Gold Coast von Queensland, als er ein grunzendes Geräusch hörte. Er dachte, ein Schwein sei ausgebrochen, und ging in den Wald, um nach ihm zu suchen.

Etwas zwang mich aufzuschauen, und dort, etwa dreieinhalb Meter vor mir, stand ein riesiges, schwarzes, behaartes menschenartiges Geschöpf. Es sah ungefähr wie ein Gorilla aus. Es hatte riesige Hände. Mit einer Hand umschloß es einen jungen Baum. Es hatte ein flaches, schwarzes, glänzendes Gesicht, zwei große, gelbe Augen und ein Loch als Mund. Es starrte mich nur an, und ich starrte zurück. Ich war so benommen, daß ich nicht einmal die Axt heben konnte, die ich in der Hand hielt. Ich hatte das Gefühl, daß wir mindestens 10 Minuten dastanden und einander anstarrten. Plötzlich verströmte es einen ekelhaften Geruch. Es stank so, daß ich mich erbrechen mußte. Dann trat es einfach seitwärts in die Büsche und verschwand.

Dieses Erlebnis überzeugte den Beobachter, daß der Yowie nicht nur ein Mythos ist. Er sagte, daß man ihn nicht häufiger sehe, weil Leute, die in den Urwald gehen, normalerweise viel Lärm machen, so daß der Yowie ihre Anwesenheit bemerkt. Er selbst ging leise, weil er meinte, einem Schwein auf der Fährte zu sein.[22]
Der amerikanische Großfuß zeigt manchmal Interesse an Fahrzeugen und manchmal auch eine Antipathie gegen sie. Dieses Merkmal fehlt in Asien, weil es dort in entlegenen Gegenden keine Fahrzeuge gibt. Australien ist ein mehr vom Westen beeinflußtes Land mit einer höheren Fahrzeugdichte, und dadurch hat der Yowie natürlich größere Chancen, einem Fahrzeug zu begegnen. Als im April 1979 ein Yowie nach Emerald kam und 21 cm lange Fußabdrücke hinterließ, hatte der Gipser Vic das Pech, Bekanntschaft mit der neugierigen und vielleicht sogar verspielten Natur dieses Geschöpfes zu machen. Vic fuhr aus unbekannten Gründen zu einem Flußbett. Als er dort ankam, hörte er Geräusche aus dem Busch, die sich anhörten, als ob sich »ein Elefant in Gummistiefeln« näherte. Er rannte zu seinem Auto, konnte aber nicht wegfahren. Er merkte,

daß das Auto schaukelte, drehte sich um und sah durch die Rückscheibe zwei schwarze Arme und eine breite Brust. Vic legte den Rückwärtsgang ein, stieß das Geschöpf zu Boden und konnte dann fliehen. Als er zu Hause ankam, fand er zwei riesige, schmutzige Handabdrücke auf dem Heck des Wagens.[23] Ebenfalls im Jahre 1979 ängstigten Berichte über Yowies Lastwagenfahrer und Urlauber, die auf dem Newell Highway zwischen Coonabarabran und Narrabri in New South Wales unterwegs waren. Sie fürchteten sich so sehr, daß sie nicht mehr am Rande der Straße anhielten, um zu übernachten, nachdem Meldungen über große Fußabdrücke in der Nähe der Straße bekanntgeworden waren. Außerdem hatte sich angeblich jemand an den Ladungen von Lastwagen zu schaffen gemacht, während die Fahrer schliefen.[24]

Angst war wahrscheinlich auch der Grund für die Reaktion des 16jährigen Warren Christensen auf eine Begegnung mit dem Unbekannten. Zusammen mit dem 17jährigen Tony Solano war er auf Schweinejagd und campte bei Kilcoy, das nördlich von Brisbane in Queensland liegt. Während sie in einer Schlucht an einem Bach lagerten, hörten sie stampfende Geräusche wie von schweren Schritten und gingen nachsehen. Warren sah »den Umriß von etwas sehr Großem hinter einem Baum hervorschauen«, und er griff spontan zu seinem Gewehr. »Ich feuerte meine Büchse im Kaliber 22 Lfb aus der Hüfte ab. Es war eine instinktive Reaktion – etwas, das ich nicht getan hätte, wenn ich Zeit zum Überlegen gehabt hätte. Bis ich die Patrone ausgeworfen hatte und wieder aufsah, war das Ding verschwunden.« Die beiden Jugendlichen fanden 30 cm lange Fußabdrücke im Sand, die offenbar drei Zehen hatten, ein unerklärliches Merkmal, das auch gelegentlich aus Nordamerika berichtet wird. Am folgenden Tag fanden sie noch weitere Spuren am Bach und schätzten, daß die Schrittlänge des Geschöpfes etwa einen Meter betrug. Warren bat die Biologielehrerin seiner Schule, sich die Stelle anzusehen, und sie bestätigte die Spuren.[25]

Im Mai 1981 sahen drei Buben zwei Yowies aus der Nähe in

einsamem Hügelgelände westlich von Dunoon in New South Wales. Die Buben im Alter von 11, 13 und 14 Jahren streiften durch den Busch, als plötzlich ein behaartes, menschenähnliches Geschöpf im Abstand von 6–8 Meter vor ihnen den Weg kreuzte. Bald darauf erschien ein zweites Geschöpf.

> Es verhoffte, blieb hinter einem Baum auf der linken Seite des Pfades stehen und schaute hinter dem Baum hervor zu uns herüber. Es ging hinter dem Baum in die Hocke und schaute uns ungefähr 5 Sekunden an, ehe es hinter dem anderen Tier her über den Pfad rannte. Das andere Wesen kehrte uns den Rücken zu und schien auf seinen Gefährten zu warten.

Die Buben konnten hören, wie die beiden sich ihren Weg durch das dichte Unterholz bahnten. Einer der Buben erzählte, wie sein Hund reagiert hatte.

> Als ich das Geschöpf entdeckte, wurde mein Hund rasend. Er gab eine Art Winseln von sich, als würde er vor sich hin weinen. Dann rannte er ihnen ein Stück weit auf dem Pfad hinterher, bis wir ihn zurückriefen. Dann schnüffelte er immer an der Stelle im Kreis herum, an der das Tier hinter dem Baum gehockt war.

Die Buben sagten übereinstimmend, daß die Geschöpfe, die sie gesehen hatten, ungefähr 1,50 Meter groß waren und lange, bräunliche Haare am ganzen Körper hatten. Sie schienen keine Hälse zu haben, sondern runde Köpfe, »die auf ihren Schultern zu sitzen schienen«. Sie waren weder Wildschweine noch Wallabies, noch Gorillas. Der älteste Junge sagte: »Gorillas sind schwarz und haben O-Beine. Diese da hatten gerade Beine und waren braun. Sie sahen mehr wie Menschen aus.«
Wenn diese Buben gelogen haben, dann haben sie gut

gelogen. Die Mutter des ältesten Buben, Craig Hatherell, sagte, daß die Buben so eine Geschichte nicht erfinden würden und daß Craig eindeutig nicht gelogen habe. »Ich brauchte Craig nur anzusehen und zu hören, wie aufgeregt er sein Erlebnis schilderte, um zu wissen, daß er die Wahrheit sagte. Ich kann es ihm ansehen, wenn er lügt, weil er dabei ein Grinsen nicht unterdrücken kann.« Außerdem gibt es Details in der Geschichte, die übereinstimmen mit anderen Berichten aus anderen Teilen der Welt, wie das auffällige Fehlen des Halses, das ängstliche Verhalten der Yowies und die Reaktion des Hundes. Es ist nicht sehr wahrscheinlich, daß die Buben die Legenden von Tier-Menschen so gut kennen, daß sie ihre Geschichte so glaubwürdig hätten gestalten können. Sie gestanden auch, ohne zu zögern, daß sie Angst gehabt hatten. »Was immer wir dort droben gesehen haben, war wirklich furchterregend. Keiner von uns hatte so etwas schon einmal gesehen.«[26]

Wenn die australischen Wissenschaftler wirklich etwas über die Sache wüßten, könnten sie diese überzeugende Begegnung und ähnliche andere nicht einfach vom Tisch wischen. 1976 äußerte sich Dr. H. J. Frith, Chef der CSIRO-Abteilung der Forschungsstelle für das Leben in der Wildnis, zu Berichten über Yowies. Er sagte: »Es gibt kein solches Tier. Irgendeine verantwortliche Person müßte es inzwischen gesehen haben. Die ganze Sache ist an den Haaren herbeigezogen.«[27] 1977 sagte Professor B. Rigsby, Professor für Anthropologie an der Universität von Queensland, daß er Begegnungen mit Yowies in Australien für »äußerst unwahrscheinlich« halte. »Es gibt keine zuverlässigen, überprüfbaren Informationen über die Existenz von Yowies, abscheulichen Schneemenschen, Yetis, Großfüßen, wilden Waldmenschen oder wie immer sie heißen mögen. Ich glaube, daß Sie in Australien einfach keinen menschlichen Primaten dieser Art finden werden.«[28] Angesichts eines solchen Dogmatismus können Amateure nur alleine weitermachen, wie Rex Gilroy es

schon seit 25 Jahren tut. Er hat über 3000 Berichte von Begegnungen gesammelt und hat sogar selbst zweimal kurz einen Yowie gesehen.[29] Ende der 70er Jahre gründete er das Australische Yowie-Forschungszentrum, das seinen Sitz in Katoomba in New South Wales hat.
Die frühen Yowieberichte hat man mit der Behauptung beiseite geschoben, es handle sich um zahme Affen, die frühe Siedler in den Blue Mountains hätten laufen lassen. Das könnte tatsächlich für ein paar Begegnungen mit kleineren Geschöpfen zutreffen, kann aber kaum für die überzeugendsten der neueren Berichte gelten, wie z. B. für den der Buben aus Dunoon. Rex Gilroy meint, der Yowie sei mit dem Gigantopithecus verwandt und könnte in vorgeschichtlicher Zeit über eine Landbrücke nach Australien gekommen sein, die damals existiert haben könnte. Heute dürfte es vermutlich nur noch 400–500 in Australien geben.
Wir haben aus Nordamerika, Australien und einem Teil des asiatischen Kontinents berichtet. Zwei riesige Erdteile sind noch übrig: Südamerika und Afrika und außerdem Mittelamerika und Südostasien. Aus all diesen Regionen gibt es Berichte über Tier-Menschen. Leider sind die Daten aber viel spärlicher, und viele Fälle wurden nicht richtig untersucht, was vor allem an der Unzugänglichkeit dieser Gebiete liegt. Alle Anzeichen deuten darauf hin, daß Europa der einzige Kontinent ist, der im 20. Jahrhundert keine Population von behaarten Tier-Menschen hat (obwohl selbst aus Europa gelegentlich die eine oder andere verschwommene und rätselhafte Meldung kommt). Vervollständigen wir unsere weltweite Spurensuche nach den Tier-Menschen durch eine Blitztour durch die bisher ausgelassenen Kontinente.

Südostasiatische Tier-Menschen

Südlich von China liegen sechs Länder: Burma, Thailand, Laos, Vietnam, Kambodscha und zuletzt Malaysia an der südlichen Spitze einer langen Halbinsel. Nordburma liegt in der Nähe von einigen der Tier-Menschen-Territorien, die schon beschrieben wurden. Lange Zeit gab es immer wieder Berichte von Monstern in diesem Gebiet, besonders in der Ecke, wo Burma, Thailand und Laos aneinander grenzen. Ein relativ neuer Bericht stammt aus dem Jahre 1969. Damals wurden zwei je drei Meter große »Affenmenschen« mit khakifarbenem Fell im Dschungel in der Nähe des Flusses Mekong gesehen. Jäger, die sie im Gebiet von Taimilek sahen, rannten davon, ohne auf sie zu schießen. Bauern sahen sie nachts und auch Guerillakämpfer, nach denen ein Felsbrocken geworfen wurde.[30]

Das ganze Gebiet südlich von China besteht aus Bergen und tropischen Wäldern und ist zum Großteil noch wenig erforscht. Es ist gut denkbar, daß dort Tier-Menschen leben könnten, wie die sporadischen Berichte von Begegnungen und Fußabdrücken nahelegen. Ein amerikanischer Soldat, der in Vietnam stationiert war, sah eine Reihe von riesigen Fußspuren aus der Luft und landete, um sie aus der Nähe zu inspizieren. Leutnant Alan Szpila berichtete, sie seien etwa 45 cm lang und 20 cm breit gewesen. Sie waren tief eingedrückt, und ihr Urheber hatte eine Schrittlänge von 1,20 Metern.[31] Einen weiteren Riesenfußabdruck fanden zwei amerikanische Journalisten und Abenteurer, die sich 1971 auf der Suche nach Tier-Menschen in den Dschungel des nördlichen Johore (Malaysia) vorwagten. Harold Stephens und Kurt Rolfes fanden einen 45 cm langen menschenähnlichen Fußabdruck weit oben am Fluß Endau. Ihre Expedition überzeugte sie von der Existenz des Tier-Menschen.[32]

Gelegentlich gab es Begegnungen in Malaysia. Am Weihnachtstag 1953 erschrak ein chinesisches Mädchen, das im südlichen Staat Perak Kautschukbäume anzapfte, als ein übelriechendes, behaartes Geschöpf von hinten an es heranschlich und ihm die Hand auf die Schulter legte. Das Mädchen sagte, das Geschöpf hätte eine weiße Haut, langes, schwarzes Kopfhaar und einen Schnurrbart gehabt. Außerdem hätte es einen kurzen Lendenschurz aus Baumrinde getragen. Zwei weitere Geschöpfe seien in einiger Entfernung am Fluß gestanden. Man alarmierte die Behörden, und einige Leute der malaiischen Sicherheitskräfte gingen zu der angegebenen Stelle und sahen die Geschöpfe ebenfalls. Als die Männer ihre Gewehre hoben, schwammen die Tier-Menschen durch den Fluß und verschwanden im Dschungel. Am folgenden Tag kam ein indischer Hindu, der auf dem Anwesen arbeitete, den Tier-Menschen noch näher. Während er bei seiner Arbeit auf dem Boden kauerte, umarmten ihn zwei haarige Arme. Er riß sich los und rannte davon, wurde aber unterwegs ohnmächtig. Als er wieder zu sich kam, sah er die drei Geschöpfe, wie sie vor ihm standen und ihn auslachten.[33] Befremdlich an diesen Berichten ist, daß die Geschöpfe weiße Haut hatten. Ivan T. Sanderson stellte fest, daß dies bei Berichten aus der malaiischen Region stets der Fall ist, und führte in seiner Zeitschrift *Pursuit* ein weiteres Beispiel an, das er von einem Australier hatte, der beim R.A.F.-Luftwaffenstützpunkt in Seleter, Malaysia, stationiert war. Auf einem einsamen Ausflug in einem Einbaum aß er gerade an einem stillen Plätzchen nahe am Ufer Obst, als er zu seinem Erstaunen ein merkwürdiges Geschöpf, das weder Affe noch Mensch war, aus dem Busch kommen sah.

Soweit ich sehen konnte, war es so beinahe menschlich wie irgend möglich, groß, von plumpen Proportionen, mit weißer, leicht rosa getönter Haut, die – selbst im Gesicht – »spärlich« von langen, feinen, seidigen, hellen Haaren bedeckt war. Die Gesichtshaut sah lose und schlaff aus. Die Augen waren wäßrig und wirkten traurig, vielleicht, weil die unteren Lider ein wenig herunterhingen. Ich könnte schwören, daß die Augen blaugrau waren. Wären nicht die vielen Haare gewesen, der Schrei und seine Art wegzulaufen, ich hätte gedacht, daß der häßlichste Mensch in der Gegend auch einmal nackt schwimmen wollte. Männlich? Weiblich? Ich weiß es nicht.[34]

Aus Sumatra, das von der Halbinsel Malaysia durch die Straße von Malakka getrennt ist, kamen jahrhundertelang immer wieder Berichte über Tier-Menschen, und es haben auch im 20. Jahrhundert einige zuverlässig belegte Begegnungen stattgefunden. Das Geschöpf, das man dort sieht, wird Orang Pendek (kleiner Mensch) genannt. Nach Aussagen der Eingeborenen ist es weder ein Gibbon noch ein Orang-Utan. Es ist relativ klein, zwischen 75 cm und 1,50 Meter groß. Es hat ein kurzes, dunkles Fell auf einer braunrosa Haut und eine buschige Mähne auf dem Rükken. Es geht auf zwei Beinen, aber man sagt, es gehe mit verdrehten Füßen. Die Fersen zeigten nach vorne. Es ernährt sich von jungen Pflanzen, Obst, Süßwassermuscheln, Schlangen und Würmern. Manchmal plündert es Bananen- und Zuckerrohrplantagen oder auch Hausgärten.[35]
1923 sah ein holländischer Siedler namens Van Herwaarden einen Sedapa, als er auf Schweinejagd im Wald war. Er hatte schon von dem Geschöpf gehört und mit den Einheimischen darüber gesprochen, und als sich seine Jagd als erfolglos erwies, beschloß er, sich still hinzusetzen, weil er hoffte, einen Sedapa zu sehen. Er hatte Glück, denn er entdeckte einen auf einem Baum und konnte ihn ausgiebig betrachten. Er sah sein langes, dunkles Kopfhaar, das fast bis zu den Hüften reichte, sein braunes Gesicht mit buschigen Augenbrauen, dunkle, lebhafte, menschenähnliche Augen, eine breite Nase, den breiten Mund, menschenähnliche Ohren, lange Arme und kurze Beine. Das Wesen war etwa 1,50 Meter groß. In dem Bericht heißt es weiter:

Sein Gesicht war in keiner Weise häßlich oder abstoßend, und es sah überhaupt nicht wie das Gesicht eines Affen aus, obwohl die schnellen, nervösen Bewegungen der Augen und des Mundes denen eines verängstigten Affen ähnelten. Ich begann, ruhig und freundlich mit dem *Sedapa* zu sprechen, so als wolle ich ein nervöses Pferd oder einen Hund beruhigen, aber es half nicht viel. Als ich mein Gewehr auf das kleine Weibchen anlegte, hörte ich ein klagendes »Hu – hu«, auf das hin sofort ähnliche Rufe aus dem nahegelegenen Wald zurückschallten.
Ich legte mein Gewehr hin und kletterte wieder auf den Baum. Ich hatte beinahe den Ansatz des Astes erreicht, auf dem der *Sedapa* saß, als dieser sehr schnell den Ast entlang nach außen lief. Der Ast neigte sich tief nach unten. Der *Sedapa* hielt sich zuerst am Ende fest und ließ sich dann gut drei Meter tief auf den Boden fallen. Ich ließ mich rasch wieder zu Boden gleiten, aber bis ich mein Gewehr packen konnte, war das Geschöpf beinahe 30 Meter weit weg. Es rannte weiter und stieß dabei pfeifende Laute aus. Viele Leute werden mich für kindisch halten, weil ich nicht abdrückte, als ich sein wehendes Haar im Visier sah. Ich hatte plötzlich das Gefühl, einen Mord zu begehen. Ich hob mein Gewehr noch einmal an die Schulter, aber wieder brachte ich es nicht über mich. Soweit ich es erkennen konnte, waren seine Füße kurz und breit, aber daß der *Sedapa* mit den Fersen voraus läuft, stimmt hundertprozentig nicht.[36]

Berichte kamen auch aus Borneo, wo John MacKinnon, der dort war, um über Orang-Utans zu forschen, 15 cm lange Fußabdrücke mit schmalen Fersen fand.[37] Höchstwahrscheinlich bieten auch andere Inseln, von denen es in diesem Gebiet südlich von China und zwischen dem Indischen und dem Pazifischen Ozean sehr viele gibt, ein geeignetes Biotop für einen noch nicht bekannten Tier-Menschen. Oder – besser gesagt – für Tier-Menschen, denn wie aus der Lektüre dieser beiden Kapitel unserer globalen Zusammenfassung deutlich hervorgeht, gibt es bestimmt mehrere verschiedene Arten.

Japan, Neuseeland und die Arktis

Weiter nördlich im Pazifischen Ozean liegt Japan, wo es trotz intensiver Industrialisierung noch viele abgelegene Gebiete gibt. Die Landschaft um den Mount Hiba herum ist wild, und aus dieser Gegend kamen zu Beginn der 70er Jahre die Berichte vom »Hiba-gon-Monster«. Zuerst griff es freilebendes Wild auf dem Berg an. Später drang es sogar in Bauerndörfer ein, und man führte das Verschwinden von Vieh und sogar von Dorfbewohnern auf das »Monster« zurück. Yokio Sazawa grub in den Ausläufern des Mount Hiba wilde Süßkartoffeln aus, als er es sah: »Ganz plötzlich stand das Ding vor mir. Es war etwa 1,50 Meter groß und hatte ein Gesicht wie ein auf den Kopf gestelltes Dreieck. Es war mit Borsten bedeckt, hatte eine stumpfe Nase und große, tiefliegende, funkelnde Augen.« Er war ganz sicher, daß das kein Affe war. Albert Kubo sah das Monster, als er seine Reisfelder düngte. Es stand auf einem Pfad und hielt etwas wie eine kleine Papiertüte in der Hand. Ohne zu wissen, wer oder was das war, ging Kubo auf die Gestalt zu.

> Sie schien in Gedanken verloren oder verwirrt zu sein... Ich wollte gerade etwas sagen, da erkannte ich, daß es das Hiba-gon-Monster war. Ich war wie versteinert, aber was mir den Rest gab, war der Gestank. Es mußte in einer Senkgrube gebadet und sich mit Kuhmist frottiert haben. Ich wurde fast ohnmächtig. Zum Glück brachte ich es fertig, mich umzudrehen und wegzulaufen, bevor es merkte, daß ich da war. Ich rannte 5

Meilen schnurstracks bis nach Hause, ohne auch nur einen Blick über die Schulter zurückzuwerfen.[38]

Da das Hiba-gon-Monster niemals Anstalten machte, die Leute anzugreifen, die es aus der Nähe sahen, darf man bezweifeln, daß es für das Verschwinden von so viel Vieh und von Menschen verantwortlich war, wie es ihm die aufgeschreckte Bevölkerung zur Last legte. Zweifelhaft ist auch die Erklärung für die Anwesenheit des Monsters im Gebiet von Hiroshima, die weite Verbreitung fand. Danach soll es aufgrund von radioaktiven Niederschlägen, einer Folge der Atombombenexplosion, entstanden sein. Die wenigen zuverlässigen Daten, die wir haben, deuten darauf hin, daß es sich einfach um ein weiteres Geschöpf der Großfußart handelt. Vielleicht ist es nur eines von vielen, die in den japanischen Bergen umherstreifen.
Auch die Berge von Neuseeland sollen einen Tier-Menschen beherbergen, das Moehau-Monster oder den Coromandel-Menschen. Das Geschöpf soll auf der Coromandelhalbinsel östlich von Auckland auf der Nordinsel leben. Immer wieder werden Expeditionen gemacht, um es zu suchen, aber bisher hatten sie keinen Erfolg.[39] Wir bezweifeln, daß sich Expeditionen in die Arktis vorgewagt haben, um nach dem Toonijuk zu suchen, wie die Tier-Menschen auf der Baffininsel, in Grönland und der kanadischen Arktis genannt werden. Wir haben keine neueren Berichte von Begegnungen, aber diese Geschöpfe kamen im letzten Jahrhundert in den Eskimosagen vor und tun es noch heute. Katherine Scherman sah Relikte von Toonijuks und hörte die Erzählungen der Eskimos, als sie in den 50er Jahren in die Arktis reiste. Man sagte, die Toonijuk seien ängstlich, absolut ungefährlich und gehörten zum Überrest eines primitiven Volksstammes.[40] Vielleicht haben einige von ihnen überlebt und verbergen sich in den (für uns) unwirtlichen Küstentälern von Grönland und auf einigen der vielen Inseln nördlich von Kanada.

Afrikanische Tier-Menschen

Ein fast 700 Seiten dickes Buch befaßt sich mit den Tier-Menschen in Afrika, aber zum Leidwesen der englischsprachigen Welt ist es bisher nur auf französisch erschienen – *Les Bêtes Humaines d'Afrique* von Dr. Bernard Heuvelmans. Es könnten ohne Zweifel unbekannte Geschöpfe in den Tiefen des dunkelsten Afrika leben, und sie tun es wahrscheinlich auch. Erst vor kurzem (1981) kehrten Expeditionen aus dem Kongo zurück, wo sie erfolglos nach handfesten Beweisen für die Existenz des Mokele-Mbembe gesucht haben, der möglicherweise ein kleiner Dinosaurier ist. Ivan Sanderson stellte fest[41], daß Tier-Menschen vor allem aus drei Gebieten gemeldet werden: »Von der Südseite des Guinea-Massivs, der Ostseite des Kongo-Beckens und vom östlichen Abhang der Hochebene von Tanganjika (das jetzt mit Sansibar zusammen den Staat Tanzania bildet).« Die häufigsten Berichte handeln von den Agogwe, kleinen, behaarten Menschen, die etwa 1,20 Meter groß sind. Hauptmann William Hichens hat sie möglicherweise Anfang dieses Jahrhunderts gesehen:

> Vor einigen Jahren wurde ich auf eine dienstliche Löwenjagd in dieses Gebiet (die Wälder von Ussure und Simbiti auf der Westseite der Wembare-Ebenen) geschickt, und während ich auf einer Waldlichtung auf ein Löwentier wartete, sah ich zwei kleine, braune, behaarte Geschöpfe aus dem dichten Wald auf der einen Seite der Lichtung kommen und auf der gegenüberliegenden Seite im Dickicht verschwinden. Sie sahen aus wie kleine Menschen, waren etwa 1,20 Meter groß, gingen aufrecht, waren aber von rostbraunem Fell bedeckt. Die eingeborenen Jäger, die mich begleiteten, betrachteten sie mit einer Mischung aus Furcht und Verwunderung. Sie sagten, das seien *Agogwe,* die kleinen, behaarten Menschen, die man sonst während sei-

nes ganzen Lebens nicht sieht. Ich versuchte verzweifelt, sie zu finden, hatte aber in diesem nahezu undurchdringlichen Urwald keinen Erfolg. Sie hätten auch Affen sein können, aber wenn, dann waren es keine gewöhnlichen Affen, weder Gibbons noch Colobus, noch Sykes, noch irgendeine andere Art, die in Tanganjika vorkommt. Was waren sie dann?[42]

Auch Cuthbert Burgoyne sah den Agogwe.

1972 fuhr ich zusammen mit meiner Frau auf einem japanischen Frachtschiff an der Küste von Portugiesisch-Ostafrika entlang. Wir waren dem Ufer nahe genug, um mit einem Fernglas 12facher Vergrößerung Gegenstände an Land deutlich erkennen zu können. An einem schräg abfallenden Strand, der weiter oben von lichtem Buschwerk gesäumt war, tummelten sich einige Dutzend Paviane. Nach ihren Bewegungen zu urteilen, suchten sie Schalentiere und Krabben und lasen sie am Strand auf. Es waren auch zwei schneeweiße Paviane dabei. Sie sind sehr selten, aber ich hatte schon von ihnen gehört. Während wir sie noch beobachteten, kamen zwei kleine, braune Menschen aus dem Busch und gingen zusammen zwischen den Pavianen hindurch zum Strand. Es war gewiß keine bekannte Art von Affen, und doch muß eine Verwandtschaft bestanden haben, sonst hätten die Paviane irgendeine Reaktion gezeigt. Die Entfernung war zu groß, um etwas genau erkennen zu können, aber die beiden kleinen, menschenähnlichen Tiere waren wohl etwa 1,20–1,50 Meter groß, gingen aufrecht und hatten eine zierliche Figur. Ich war damals ganz aufgeregt, denn das waren ganz offensichtlich keine Tiere, von denen ich je gehört oder gelesen hatte. Später erzählte mir ein Freund und Großwildjäger, er sei mit seiner Frau und drei Jägern in Portugiesisch-Ostafrika gewesen und habe Vater, Mutter und Kind einer offenbar ähnlichen Tierart quer über die gegenüberliegende Seite einer Lichtung im Busch gehen sehen. Die Eingeborenen hätten ihm mit lauter Stimme verboten zu schießen.[43]

Dr. Bernard Heuvelmans ist der Ansicht, daß die Agogwe die überlebenden Nachfahren des Australopithecus sein könnten. Dieses Geschöpf, das ungefähr 1,20 Meter groß war und eine Figur wie ein Mensch hatte, lebte – wie man weiß – vor ungefähr 500 000 Jahren in Afrika. Man hat stets angenommen, daß es schon in vorgeschichtlicher Zeit vom Menschen ausgerottet worden sei, aber warum hätte es sich ausrotten oder verdrängen lassen sollen? Es ist viel wahrscheinlicher, daß es sich in die Wälder zurückgezogen und dort bis zum heutigen Tag überlebt hat.[44]
Den Tier-Menschen Afrikas wird nur selten von der Presse Aufmerksamkeit geschenkt, aber 1978 gingen Pressemeldungen über die Arbeit von Dr. Jacqueline Roumeguere Eberhardt um die Welt. Sie befaßt sich mit Geschöpfen in Kenia, denen sie den Namen »X« gegeben hat. Frau Dr. Eberhardt ist Dozentin beim Französischen Nationalkomitee für wissenschaftliche Forschung in Paris und hat sich ausgiebig mit Berichten der Massai-Neger über unidentifizierte Hominiden, die im Wald leben, beschäftigt. Sie unterscheidet fünf Arten von »X«:

X-1 ist der große Blonde, der ein Schaf hochhob und es sanft über seinem Kopf balancierte. Das geschah vor den Augen des entsetzten 17jährigen (der 1960 von dem Geschöpf entführt worden war). Er hatte wirre blonde Haare, eine niedrige Stirn und breite Zehen mit menschenähnlichen Fußnägeln. Er hatte eine große, stachelige Keule, die aus einer harten Wurzel gemacht war, um damit Büffel zu jagen. Er wurde von 31 Erwachsenen und zwei Kindern in 8 Waldgebieten gesehen.

X-2 wurde von 12 Personen in 5 Wäldern gesehen. Er soll unbehaart und weiß sein und nur des Nachts in den Wäldern umherstreifen. Er soll durchdringende, gellende Schreie ausstoßen.

X-3 wurde von 5 Personen in einem Wald gesehen. Er ist sehr groß und schwarz und hat weiße Haare, die bis auf seine Füße herunterhängen. Man hat ihn dabei beobachtet, wie er Büffeln mit einer Keule den Schädel einschlug oder sie zu Fall brachte, indem er ihnen ein Vorderbein brach. Er trinkt Blut aus der Halsschlagader der erlegten Tiere und läßt den Rest liegen, den manchmal die Dorfbewohner holen.

X-4 hat einen großen Kopf und wurde mit einem nackten Weibchen und drei Kindern gesehen, die Knollen, Beeren und Pilze aßen.

X-5 ist X-4 ähnlich, trägt aber Pfeil und Bogen. Er scheint der am höchsten Entwickelte zu sein.

X-5 verschwand in den Bäumen, als er von 7 Massai überrascht wurde, die ihm seinen Bogen und seinen Köcher wegnahmen. Dr. Eberhardt zeigte beides bei ihrer Pressekonferenz. Die Massai nahmen X-5 auch seine Ledertaschen zum Sammeln von Pflanzen und Honig weg. Als Dr. Eberhardt 1978 diese Pressekonferenz gab, plante sie eine Expedition. »Die Hirten kennen nur die Randzone des Waldes. Die Gruppen, die im Wald leben, gehen nur wenig tiefer in den Wald hinein. Wir werden aber tief in den Wald hineingehen und dort schlafen müssen, wenn wir Kontakt aufnehmen wollen. Die besten Führer haben mir schon ihre Bereitschaft zur Mitarbeit zugesichert.«[45] Dr. Richard Leakey, Direktor des Nationalmuseums von Kenia, war skeptisch. Er meinte, die Massai-Geschichten seien nur Mythen, vergleichbar mit denen in den Sagen der nordamerikanischen Indianer. Er meinte damit natürlich den Großfuß, diesen »Mythos«, der riesige Fußabdrücke hinterläßt.

Südamerikanische Tier-Menschen

Nachdem in den meisten Kontinenten ein solcher Reichtum an Berichten von Tier-Menschen entdeckt wurde, überrascht es, daß Ivan Sanderson nur wenige in Südamerika entdecken konnte.[46] In seinem Buch *Abominable Snowmen: Legend Come to Life* erwähnt er ein paar Hinweise und Gerüchte, aber verglichen mit anderen Kontinenten hat man nur wenige handfeste Berichte von Augenzeugen über Begegnungen. Vielleicht hat das den einfachen Grund, daß man in Südamerika wenig Forschung zu dem Thema »Tier-Mensch« betrieben und wenige Untersuchungen durchgeführt hat. Wenn sich aber jemand die Mühe macht, in abgelegene Gebiete vorzudringen und nach Tier-Menschen zu fragen, wird er wahrscheinlich auf eine lebendige Tradition stoßen, wie es kürzlich in Argentinien der Fall war. 1979 reiste die Anthropologin Silvia Alicia Barrios in die Gebirgsgegenden Nordargentiniens und hörte dort von einem »seltsamen Affen«, den man Ucumar oder Ucu nennt. Don Pepe, der an der Grenze zwischen Argentinien und Bolivien lebt, kennt die Gegend gut und beschreibt den Ucu so:

> Der Ucu lebt in den Hügeln, hinten in El Chorro (einer Gebirgszone mit tropischer Vegetation), und erschreckt gerne Kühe und Hühner durch seine Schreie. Er ist ein »zuncho« (ein kräftiges und stämmiges Tier), und obwohl er nicht viel läuft, ist er sehr stark. Mir ist noch nie einer nahegekommen, aber einigen meiner Landsleute schon. Ich habe Ucus gesehen und auch, wie Ucus Menschen in eine Falle gelockt haben. Wenn der Ucu jemanden fängt, ist es am besten zu urinieren, denn dann läßt er einen los. Der Ucu ißt gerne *payo*, eine Pflanze, deren Inneres so ähnlich wie Kraut schmeckt. Er ist groß, so groß wie ein Hirtenhund, und geht immer aufrecht.[47]

Die Geräusche, die Ucus von sich geben, klingen wie *uhu, uhu, uhu*. Das stimmt interessanterweise mit dem überein, was Ivan Sanderson über die Laute der Maricoxi (siehe unten) geschrieben hat – *Euch, Euch, Euch* oder *Ooch, Ooch, Ooch*. Sanderson verglich sie mit dem *Uch, Uch, Uch*, das Albert Ostman beschrieben hat, der behauptete, er sei 1924 in Britisch-Kolumbien von einer Großfußfamilie gefangengehalten worden.[48]

Weiter nördlich, in Paraguay, gab es um 1950 herum merkwürdige Meldungen davon, daß man Vieh (und zwar jeweils 100 Stück) tot aufgefunden habe. Alle Zungen waren herausgerissen worden und spurlos verschwunden. Das ereignete sich mehrmals und über mehrere Jahre hinweg in der Gegend von Ybitimi. Sowohl Heuvelmans als auch Sanderson sagten, es sei schwer, diese Vorfälle zu erklären, da sowohl eine menschenähnliche Hand als auch eine ungeheure Kraft erforderlich wären, um Rindern die Zungen auszureißen.[49]

Im Südwesten von Brasilien, vor allem in den Provinzen des Amazonas, im Matto Grosso und Goyaz sowie an der bolivianischen Grenze ist ein Tier-Mensch unter dem Namen Mapinguary bekannt. 1914 begegnete dem Forscher Oberst P. H. Fawcett, der später in Brasilien verschwand, eine Gruppe von merkwürdigen Leuten, die die Eingeborenen Maricoxi nannten. Er war Mitglied einer Expedition von Bolivien aus in den Südwesten vom Matto Grosso. Sie durchquerten unbewohnte Wälder, als sie die »Wilden« sahen. Oberst Fawcett schrieb:

> Als sie uns entdeckten, blieben sie wie angewurzelt stehen und legten eilig Pfeile auf ihre Bogen, während ich sie in der Maxubisprache anrief. Wir konnten sie nicht deutlich sehen, weil die Schatten ihre Körper gesprenkelt erscheinen ließen, aber ich hatte den Eindruck, daß sie sehr große, behaarte Menschen waren, mit außergewöhnlich langen Armen, mit einer Stirn, die

sich von ausgeprägten Augenbrauenbögen flach zurückwölbte. Sie sahen aus wie Menschen einer sehr primitiven Art und waren splitternackt. Plötzlich drehten sie sich um und verschwanden im Unterholz.

Einen Tag später kamen die Männer zu einem Dorf, das aus primitiven Schutzhütten bestand. Dort hockten »große, affenartige Untiere« auf dem Boden und machten Pfeile oder saßen einfach müßig herum.

Ich pfiff, und ein riesiges männliches Geschöpf, das haarig wie ein Hund war, sprang in der nächsten Schutzhütte auf die Füße und legte blitzschnell einen Pfeil auf seinen Bogen. Dann kam er tanzend und von einem Bein auf das andere hüpfend auf uns zu, bis er nur noch knapp 4 Meter von uns entfernt war. Er stieß grunzende Laute aus, die wie »*Euch, Euch, Euch*« klangen, und tanzte weiter auf der Stelle. Plötzlich wimmelte der ganze Wald rings um uns herum von diesen widerlichen Affenmenschen, die alle »*Euch, Euch, Euch*« grunzten und von einem Bein aufs andere hüpften. Alle legten dabei Pfeile auf ihre Bogen. Wir waren offensichtlich in einer äußerst heiklen Lage, und ich glaubte schon, daß unser letztes Stündchen geschlagen hätte. Ich machte freundliche Annäherungsversuche auf Maxubi, aber sie reagierten nicht. Ich hatte den Eindruck, als übersteige eine menschliche Sprache ihr Fassungsvermögen.

Zweimal hob der Tier-Mensch an der Spitze der Gruppe seinen Bogen, doch ohne zu schießen. Beim dritten Mal spürte Fawcett, daß er jetzt schießen würde, zog seine Pistole und schoß vor ihm in den Boden.

Das wirkte sofort. Ein Ausdruck höchsten Erstaunens trat auf das häßliche Gesicht und die kleinen Augen öffneten sich weit. Er ließ Pfeil und Bogen fallen, sprang schnell wie eine Katze davon und verschwand hinter einem Baum. Dann begannen die Pfeile zu fliegen. Wir schossen ein paarmal in die Bäume in der Hoffnung, daß der Lärm der Schüsse die Wilden so ängstigen würde, daß sie unterwürfig würden. Sie schienen aber in keiner Weise bereit, uns zu akzeptieren. Wir sahen ein, daß die Lage hoffnungslos war. Ehe jemand verletzt wurde, zogen wir uns auf dem Pfad zurück, bis das Lager außer Sichtweite war.

Oberst Fawcett hörte noch von anderen Gruppen primitiver Stämme, die in dieser Gegend lebten. Ivan Sanderson, der in seinem Buch »*Things*« über die Maricoxi schrieb,[50] kam zu folgendem Ergebnis: »Wir müssen am Ende meiner Ansicht nach den Schluß ziehen, daß wir die Tatsache akzeptieren müssen, daß 1914 im Matto Grosso neandertalerartige Urmenschen lebten. Und es gibt keinen Grund zu der Annahme, daß sie nicht mehr dort leben.«
In den letzten 10 Jahren deuteten Presseberichte aus Lima in Peru an, daß möglicherweise in den nördlichen Dschungeln dieses Landes noch »Steinzeitriesen« leben. Der Forscher Carlos Torrealza will die Riesen entdeckt haben, als er sich im April 1976 im Dschungel verirrt hatte. Die Begegnung fand im dichten Regenwald in der Provinz San Martin, östlich der Anden statt. Torrealza sagte, die Menschen hätten eine olivfarbene Haut, gingen barfuß und hätten einen Buckel. Sie seien über 1,90 Meter groß, hätten rote Haare und seien mit Tierhäuten bekleidet. Eine indianische Führerin, Encarnación Napuri, meldete ungefähr zur selben Zeit, daß eine Gruppe von 15 Riesen ein Lager von Berufsjägern angegriffen habe.[51] Im Norden des Kontinents, besonders in Venezuela, gab es immer wieder Berichte über den Didi, einen kleinen, kraftvollen, wilden Menschen, der dicht behaart ist. Einige der Begegnungen wurden aufgezeichnet. 1769 schrieb Dr. Edward Bancroft über einen »Orang-Utan« in Guayana:

Sie sind viel größer als der *afrikanische* (der Schimpanse) und der *orientalische Typ*, wenn die Berichte der Eingeborenen zuverlässig sind... Die *Indianer* beschreiben sie als fast 1,50 Meter groß, aufrecht gehend, mit einer menschlichen Gestalt, die spärlich mit kurzen schwarzen Haaren bedeckt ist. Ich habe den Verdacht, daß ihre Größe aufgrund der Furcht der *Indianer* übertrieben worden ist, denn sie fürchten sie wirklich sehr...[52]

Am Ende jenes Jahrhunderts kehrte der Forscher Alexander von Humboldt vom oberen Orinoco zurück und hatte auch Erzählungen über behaarte Tier-Menschen gehört. 1910 sah ein Herr Haines, der später Beamter der britischen Verwaltung in Britisch-Guayana wurde, selbst zwei von ihnen, als er am Konawaruk nach Gold suchte. Sie hatten menschliche Züge und ein rotbraunes Fell. Sie griffen den beunruhigten Mann, der unbewaffnet war, nicht an, sondern zogen sich langsam in den Wald zurück. Wahrscheinlich waren sie genauso überrascht wie er selbst.[53]

In neuerer Zeit berichtete Pino Turolla von einem kurzen Zusammentreffen mit Tier-Menschen, als er sich wegen archäologischer Forschungen in Venezuela aufhielt. Sein Führer Antonio hatte ihm von seiner eigenen Begegnung mit »El Mono Grande« (der große Affe; Anm. d. Ü.) erzählt, und Turolla hatte ihn gebeten, den Ort der Beobachtung aufzusuchen. Als sie die Felsschlucht betraten, hörten sie ein Krachen und Heulen, und die Indianer, die sie begleiteten, drehten sich um und flohen. Nachdem sie sich behutsam vorgepirscht hatten, erblickte Turolla zwei behaarte Geschöpfe am entfernten Ende einer Lichtung. Er sah sie nur kurz, da sie im Dschungel verschwanden. Dennoch sah er, daß sie über 1,50 Meter groß, behaart und affenartig waren, sich aber auf zwei Beinen fortbewegten.[54]

Weit dramatischer ist die Erzählung von Emelino Martinez über einen Kampf mit zwei behaarten Tier-Menschen am

10. April 1954. Er behauptete, sie seien ihm nachgelaufen, als er am Ende eines Jagdausfluges in die venezolanischen Berge zu seinem Auto zurückkehrte. Sie hätten ihn gepackt, als er gerade ins Auto einsteigen wollte. Sie kämpften miteinander, und Martinez gelang es, einem der beiden Geschöpfe mit einem Stein auf den Kopf zu schlagen. Dann konnte er sich in sein Auto retten, und die beiden trommelten mit ihren Fäusten gegen die Scheiben. Obwohl aggressives Verhalten gelegentlich beobachtet wurde, steht es in einem solchen Widerspruch zu der üblichen Reaktion von Tier-Menschen auf eine Begegnung mit Menschen, daß es wohl besser ist, solche Geschichten mit Vorsicht zu genießen. Allerdings muß man in diesem Fall hinzufügen, daß an der angegebenen Stelle Blut an Blättern gefunden wurde, das man nicht identifizieren konnte.[55]
In Mittelamerika sind Guatemala und Britisch-Honduras die beiden Länder, aus denen Gerüchte von Tier-Menschen kamen. In Britisch-Honduras nennt man die Geschöpfe, die in den Feuchtwäldern leben, Dwendis (von Spanisch *duende,* Kobold). Die Dwendis sind klein, haben lange Arme, sind am ganzen Körper von dichtem, braunem, kurzem Haar bedeckt und haben flache, gelbliche Gesichter. Sie sind scheu, aber neugierig und friedfertig, abgesehen davon, daß sie Hunde jagen und fangen. Ivan Sanderson hat eine Zeitlang in Mittelamerika gelebt und mit Menschen gesprochen, die Dwendis gesehen hatten.[56]
Im angrenzenden Guatemala sind die Berichte über El Sisemite vor allem um Cubulco, einem Gebiet bewaldeter Berge, herum angesiedelt. Dort sollen behaarte, wilde Menschen leben, die keinen Hals haben, kleine Augen, lange Arme und große Hände. Ihre Fußabdrücke sollen doppelt so groß wie die von Menschen sein. Die seltsame Eigenschaft, daß die Füße in die falsche Richtung zeigen sollen, um Jäger zu verwirren, wird El Sisemite ebenfalls zugeschrieben. Angeblich raubt er Frauen, und es gibt eine Geschichte, nach der, vermutlich im letzten Jahrhundert,

eine Frau von einem Sisemite gefangen wurde und viele Jahre mit ihm lebte, bevor sie von Jägern geraubt und ihrem Ehemann zurückgegeben wurde. Er erkannte sie nicht wieder, und sie weigerte sich, zu sprechen oder zu essen, und starb kurz darauf. Die Geschichte soll wahr sein, und die Frau, die sie erzählt hat, hatte noch den Ehemann Felipe als alten Mann gekannt. Trotzdem kann man natürlich unmöglich unterscheiden, wo die Tatsachen aufhören und die Phantasie beginnt, solange man nicht mit den Augenzeugen sprechen kann. Man fühlt sich an die Geschichten von »Phantom-Trampern« erinnert, jene Legenden aus urbanen Gebieten, die jahrzehntelang im Umlauf sind und die immer als Tatsachen ausgegeben werden, die aber wohl in den meisten Fällen erfunden sind. Dabei könnten einige von ihnen ihren Ursprung in Tatsachen gehabt haben, wie das wohl auch für Geschichten der Art gilt, nach der El Sisemite Frauen rauben soll.[57]

Unsere Reise um die Welt geht an der südlichen Grenze der Vereinigten Staaten von Amerika ihrem Ende zu. Dorthin wollen wir nun zurückkehren, um im einzelnen zu untersuchen, welche physischen Beweismaterialien die Berichte der Augenzeugen über den Großfuß stützen. Außerdem werden wir typische Verhaltensmuster dieser Geschöpfe diskutieren.

4

Beweismaterial und Verhaltensmuster

Ich werde niemals den ersten Anblick vergessen: Als ich mich auf die Knie niederließ, um die 16 cm breite Spur aus der Nähe zu betrachten, überlegte ich mir, ob sie wirklich echt sein könne oder ob mir jemand einen üblen Streich spielte.
Skeptisch untersuchte ich das Bachufer in der Nähe des Fußabdrucks; zuerst mit dem Daumen, dann dadurch, daß ich mit meinen schweren Stiefeln kräftig auf den Boden sprang. Da wurde mir klar, daß der Verursacher dieser 2,5 cm tiefen Spur viel mehr wiegen mußte als ich. Ich wog immerhin 76 kg.
Wieder betrachtete ich den Abdruck: jeder Zeh war deutlich zu sehen, der Fußballen hinter dem großen Zeh war typisch für Anthropoiden. Dann zog ich meinen Stiefel und eine Socke aus und stellte meinen Fuß mit der Schuhgröße 44 neben den Abdruck – er war nur halb so breit! »Das muß ein Großfuß gewesen sein!« dachte ich.[1]

Das Belegmaterial für die Existenz des Großfußes besteht nicht nur aus Berichten von Augenzeugen. Wir haben auch »handfestere« Anhaltspunkte in Form von Fußabdrücken, Haaren, Exkrementen, Tonbandaufnahmen von Lauten und Fotografien. Diese handfesten Beweise geben den wissenschaftlich arbeitenden Forschern eine Untersuchungsgrundlage, und man konnte schon interessante Schlüsse ziehen.

Fußabdrücke und Spuren

Die Fußabdrücke haben bisher wohl die meiste Information geliefert, weil man im Laufe der Jahre so viele davon gefunden hat. Sie sind unterschiedlich deutlich, aber gelegentlich findet man sehr gute Abdrücke, wie z. B. die in der Nähe von Walla Walla in Washington, die im ersten Kapitel beschrieben wurden. Diese Fußabdrücke weisen sogar deutliche Tastrillen auf. Überzeugend (und schwierig zu fälschen, wenn überhaupt) waren die Spuren von Bossburg (Washington). Das war eine Reihe von über 1000 Abdrücken, die man im Oktober 1969 im Schnee fand und die der Forscher René Dahinden untersuchte. Das Geschöpf, das die Spuren hinterließ, hatte einen normalen linken Fuß, aber der rechte war ein Klumpfuß. Dr. John Napier hielt es für ausgeschlossen, daß die Spuren gefälscht worden sein könnten.[2]

Leute, die nicht viel über Großfußdaten wissen, sind schnell mit dem Ruf »Fälschung!« bei der Hand, wenn Spuren gefunden werden. Obwohl feststeht, daß in einigen Fällen Fälschungen gemacht wurden, sind diese Vorfälle selten, und im allgemeinen kann man gefälschte Spuren leicht entlarven. Großfußabdrücke findet man oft in feuchtem Boden oder im Schnee in abgelegenen Gebieten, in die nur selten ein Mensch kommt. Warum sollte sich jemand die Mühe machen, an einer solchen Stelle Fußabdrücke zu fälschen? Fälscher wollen ihre Künste in der Regel bewundert sehen. Außerdem kann man Großfußspuren häufig ein Stück weit durch unwegsames Gelände verfolgen, wo es für einen Fälscher schwierig wäre, überzeugende Spuren zu fabrizieren. Weil das Geschöpf auch noch sehr schwer ist, sind echte Spuren meist tiefer eingedrückt als die Spuren eines Fälschers. Der Versuch eines Fälschers, den Druck nachzuahmen, den das Gewicht eines Großfußes ausübt, verursacht nicht die Schmutzkrusten, die sich um echte Abdrücke herum bilden. Jemand, der jahrelang die Ab-

Dr. Grover Krantz, Professor für Anthropologie an der Washington State University, mit einem Abguß eines Großfußabdrucks.

drücke des Großfußes untersucht hat, kann mit Leichtigkeit Fälschungen entlarven. Selbst wenn man all dies nicht berücksichtigt, so sehen gefälschte Spuren steif und ungelenk aus, während echte Spuren mehr Beweglichkeit zeigen und, wenn man eine ganze Serie hat, auch einzelne Zehenbewegungen erkennen lassen.
Der Experte für Großfußabdrücke ist Grover S. Krantz, Professor für Anthropologie an der Washington State University. Er schreibt, daß ein typischer Fußabdruck von einem Großfuß zwar dem eines Menschen sehr ähnlich sieht, obwohl er mit ca. 43 cm viel länger ist, daß aber die Spuren des Großfußes einige Besonderheiten aufweisen, die mit dem größeren Körper und dem höheren Gewicht dieses Geschöpfes zusammenhängen. So zeigen z. B. die Abdrücke keinen Bogen am Innenrand – der Großfuß hat

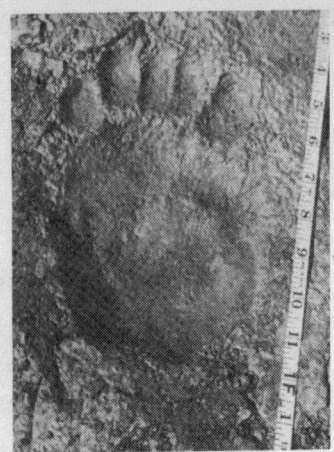

Daß die großen, rätselhaften Fußabdrücke normalerweise nicht von Bären stammen, zeigt der Vergleich zwischen einem Fußabdruck (rechts), den man am Blue Mountain Creek in Kalifornien im September 1967 fand (38 cm lang) und dem Fußabdruck eines Bären (links), der 19 cm lang ist.

Plattfüße. Das ist eine unmittelbare Folge des Gewichtes, das die Füße tragen müssen. Professor Krantz sagt, daß er schon kleinere Abdrücke gesehen hat, vielleicht die von Jungen, die eine gewisse Wölbung an der Innenseite zeigten. Die Forschungen, die Professor Krantz schon über Großfußspuren angestellt hat, sind viel zu detailliert, um in diesem kleinen Buch behandelt zu werden, aber er hat Aufsätze geschrieben, die jeder lesen kann, der ein besonderes Interesse an diesem Aspekt der Forschung über den Großfuß hat.[3]

Für den Laien, der die Feinheiten eines Großfußabdrucks weder erkennen noch interpretieren könnte, sind die augenfälligsten Merkmale die Größe und Tiefe. George Harrison, von dem die Beschreibung am Anfang dieses Kapitels stammt, war sowohl über die Größe als auch über die

Tiefe des gefundenen Abdrucks erstaunt, obwohl er kaum gänzlich unvorbereitet gewesen sein dürfte. Er war damals Teilnehmer einer Expedition, die nach dem Großfuß suchte. Seine Reaktion zeigt, wie eindrucksvoll die Fußabdrücke sind. Die Entdeckung von Fußspuren wird immer wieder gemeldet. Diese Funde sind weit häufiger als Begegnungen mit dem Geschöpf selbst. Offensichtlich stammen nicht alle Spuren vom Großfuß. Abgesehen von Fälschungen werden auch manchmal Tierspuren mißdeutet. Obwohl Bärenspuren ganz anders aussehen als Großfußabdrücke (s. die Fotos auf S. 114), gibt es Gelegenheiten, bei denen man sie unter Umständen verwechseln kann. Ende Mai 1981 fand man bei Alder Dam, Thurston County in Washington State, Fußabdrücke, die 30 cm lang, an den Zehen 15 cm breit und an der Ferse 10 cm breit waren. Aber trotz ihrer Größe sahen die Spuren nicht wie die üblichen Großfußspuren aus. Die Abdrücke hatten keinen großen Zeh, und alle Zehen waren ungefähr gleich groß. Man meinte, daß ein Bär die Spuren hinterlassen hätte. Er hatte seine Hinterpranken in die Trittsiegel seiner Vorderpranken gesetzt und dadurch außergewöhnlich große Spuren hinterlassen.[4] Im allgemeinen kann man bei Bärenfährten sowohl einzelne Trittsiegel als auch sich überschneidende Abdrücke gut von Großfußspuren unterscheiden, wenn sie nicht sehr undeutlich sind, wie z. B. in schmelzendem Schnee.

Aber alle undeutlichen Spuren sind letztlich nicht sehr hilfreich, weil sie nahezu beliebig interpretierbar sind. Vermutlich sind die Berichte über dreizehige, vierzehige oder sogar sechszehige Großfüße auf undeutliche Abdrücke zurückzuführen. Normalerweise zeigen die Abdrücke fünf Zehen, aber Abweichungen davon tauchen so oft auf, daß man sich dennoch mit ihnen befassen sollte, anstatt sie einfach abzutun. Möglicherweise kann man vierzehige Abdrücke damit erklären, daß man annimmt, der kleine Zeh habe keinen Abdruck hinterlassen. Aber sechszehige Abdrücke zu erklären, ist schwierig, es sei denn, man nimmt an, daß dem Großfuß ab und zu auch einmal ein zusätzlicher Zeh wachsen könnte. Bulygin Efim Iwanowitsch sah 1920 zwei Tier-Menschen, einen kleinen und einen großen, im Norden der UdSSR, nordöstlich von Archangelsk. Er untersuchte die Fußabdrücke und sagte über die des größeren: »Seine Zehen waren sehr deutlich zu unterscheiden. Es waren insgesamt sechs, die alle ungefähr gleich lang waren. Die Spuren sahen denen eines Menschen sehr ähnlich, waren aber flach, wie die eines Bären, und die Zehen hatten nicht die Form menschlicher Zehen, sondern waren weiter gespreizt.«[5] Es ist sehr unwahrscheinlich, daß schon 1920 (oder zu irgendeiner anderen Zeit) Fälscher in dieser abgelegenen Gegend am Werk waren.

Am merkwürdigsten sind die dreizehigen Abdrücke. Zu diesem rätselhaften Thema meinte der Forscher John Green: »Ich wollte, es gäbe keine dreizehigen Spuren, denn das würde die Sache wesentlich vereinfachen. Erstens wäre es logischer, wenn ein Fälscher Abdrücke mit der richtigen Zahl von Zehen fabrizieren würde. Zweitens war die dreizehige Fährte, die man im letzten Januar in Washington fand, bemerkenswert stetig. Sie lief über Hunderte von Metern und war tief in die Sandbank eingedrückt. Ich weiß nicht, ob die Spuren gefälscht waren oder nicht, aber wenn sie jemand gefälscht hat, wüßte ich sehr gerne, wie er das gemacht hat.«

Das gilt auch für Linda Williford, die dreizehige Spuren auf dem Grundstück um ihr Landhaus in Washington State fand. Vor dieser Entdeckung hörte man zwei Jahre lang nachts seltsame Schreie, und Haustiere wurden unruhig. Einmal hatte man die Haut und das Skelett eines großen Hundes gefunden, der geköpft worden war. Am 6. September 1979 fand Frau Williford einige dreizehige Fußabdrücke, die sich tief in den Kies am Straßenrand eingedrückt hatten. Der größte war 45 cm lang, an den Zehen 35 cm und an der Ferse 28 cm breit. Im November 1980 sah ein Kind einen großen »Bären«, der über 1,80 Meter groß war, aufrecht ging und ein lebendiges Kaninchen in der Hand trug. Im gleichen Monat sah ein Junge nur eine halbe Meile entfernt ein großes, affenähnliches Geschöpf, das dastand, ihn eine Weile beobachtete und dann mit baumelnden Armen davonschlenderte. 1981 hörte man die Schreie immer noch und fand weitere dreizehige Abdrücke. Frau Williford stellte den Geschöpfen Futter hin und sie – oder es – holten es. Einmal fand sie einen 40 cm langen Abdruck neben einem Stück Kuchen, den das Geschöpf fallen lassen hatte. Am 13. Mai um fünf Uhr morgens – zu der Zeit, zu der die Hunde normalerweise unruhig wurden – hielt Frau Williford Wache und sah eine massige, dunkle Gestalt kommen und das Futter nehmen. Das Geschöpf sah sie, ging langsam davon und kam nie mehr wieder, um Futter zu holen.[7] Dieser Bericht ist deshalb interessant, weil die dreizehigen Abdrücke kein einmaliges Vorkommnis waren. Frau Williford fand immer wieder welche, und außerdem sprachen weitere Anzeichen für die Anwesenheit des Großfußes, wie z. B. die Schreie, Futterdiebstähle und Berichte von Augenzeugen. Wir wissen einfach noch nicht genug, um über die Wahrscheinlichkeit oder die Unmöglichkeit zu debattieren, daß ein Großfuß dreizehige Füße haben könnte, aber wir stimmen dem zu, was John Green über die dreizehigen Abdrücke sagt. »Wir können nicht einfach sagen, sie seien Schwindel, nur weil sie anomal sind.«

Exkremente und Haarproben

Seltener als Fußabdrücke findet man Exkremente, aber wenn man sie analysiert, erhält man wichtige Informationen.[8] Leider kann die Analyse nicht schlüssig beweisen, woher die Exkremente stammen. Daher können die Forscher erst dann mit Sicherheit wissen, wer ihr Untersuchungsmaterial geliefert hat, wenn man Exkremente beschaffen kann, bei deren Ausscheidung ein Großfuß beobachtet wurde. Dieser idealen Situation kam bisher William Roe am nächsten. Er fand Kot, von dem er meinte, er stamme von dem Großfuß, den er 1955 auf dem Berg Mica aus der Nähe sah. Das Geschöpf aß Blätter von einem Busch. Roe wurde neugierig, was es sonst noch zu sich nahm. Er sagte: »Ich wollte herausfinden, ob es nur von Pflanzen lebte oder auch Fleisch aß; deshalb ging ich hinunter und suchte nach anderen Hinweisen. Ich fand an fünf verschiedenen Stellen welche und untersuchte sie gründlich, konnte aber weder Haare, noch Schalen, noch Käfer oder Insekten finden. Daher glaube ich, daß es ein reiner Pflanzenfresser war.«[9] Nicht alle Exkremente von Großfüßen weisen jedoch darauf hin, daß sie Vegetarier sind, und es gibt viele andere Hinweise, die darauf hindeuten, daß der Großfuß ein Allesfresser ist. Wir werden später in diesem Kapitel auf weitere Details über die Ernährung des Großfußes eingehen.

Bill Sheets vom Säugetier-Forschungsteam in Lima, Ohio, demonstriert, wie diffizil die Analyse von Exkrementen sein kann:

> Gewöhnlich beschriften sie die Exkremente »unbekannt als Stoffe aus einem menschlichen Verdauungstrakt«. Eine Probe, die man westlich von Lima fand, wurde eingeschickt, und die Analyse ergab, daß die Exkremente Beerensamen und einen beträchtlichen Anteil an Haaren enthielten und daß sie aus einem Verdauungstrakt menschlichen Typs kamen. Es gab keine Erklärung für die Holzfasern, die man darin fand. Alles deutete darauf hin, daß die Probe von einem Menschen stammte, der sich in der Wildnis ernährte und dort Tiere mit Haut und Haaren verschlang und an Zweigen knabberte.[10]

Bei der intensiven Suche nach wilden Menschen, die in den 70er Jahren in China durchgeführt wurde, fand und analysierte man ebenfalls Exkremente. Eine Probe hatte die gleiche Form wie menschliche Exkremente und enthielt unverdaute Überreste von Obstschalen und roher Hirse, aber keine Tierknochen oder Haare. Eine andere Probe enthielt Chitin-Hüllen von Insektenpuppen. Man schloß daraus, daß der Kot von einem allesfressenden Primaten stammte, jedoch nicht von einem Menschen, einem Bären, einem Raubtier oder Huftier.[11]

Die Analyse von Haarproben ist ebenso diffizil, weil kein Forscher eine Probe hat, die definitiv von einem Großfuß stammt und mit der man die eingeschickten Haare vergleichen könnte. Im allgemeinen kann der Analytiker lediglich sagen, von welchen Tieren die Haare *nicht* stammen. Selbst das ist eine zeitraubende Aufgabe, weil es so zahlreiche Möglichkeiten gibt.[12] Jedes Tier hat mehrere Sorten von Haaren. Selbst der Mensch hat fünf verschiedene Arten: Kopfhaar, normale Körperhaare, die Haare in den Achselhöhlen, Schamhaare und Flaum.[13] Als chinesische Forscher die Haare untersuchten, die man an einem Baumstamm gefunden hatte, an dem sich ein wilder Mensch gerieben hatte (beobachtet von Gong Yulan im Jahre 1976, vgl. Kapitel 3), konnten sie zwar einen Bären ausschließen, aber sie konnten lediglich sagen, daß die Charakteristika der Haare »denen von Primaten relativ ähnlich waren«.[14] Solange man keine Großfußhaare zum Vergleich hat, kann ein Haaranalytiker begründet nicht mehr sagen. Natürlich hätten die Wissenschaftler am liebsten ein größeres Stück von einem Großfuß für die Analyse. Am besten wäre ein ganzer Kadaver, aber auch ein Kopf, ein Kieferknochen, eine Hand, ein Fuß oder *irgend etwas* wären schon von Nutzen. Bisher hat man noch nicht einmal einen Fingerknochen gefunden, doch die Leser, die an der Existenz des Großfußes angesichts des völligen Mangels an physischen Überresten zweifeln, werden Antworten auf ihre Fragen in

Kapitel 6 finden. Hier soll der Hinweis darauf genügen, daß die Nichtexistenz von Beweisen kein Beweis für die Nichtexistenz ist. 1968 dachte man, man hätte einen Kadaver gefunden. In Minnesota zeigte ein Schausteller einen halb durchsichtigen Eisblock, in dem ein Leichnam eingeschlossen war, der wie ein behaarter Hominide aussah. Ivan T. Sanderson und Dr. Bernard Heuvelmans untersuchten den Körper aus der Nähe, was wegen des Eises sehr schwierig war. Beide hielten ihn für echt. Seither hat man ihn durch eine Nachbildung ersetzt, und niemand weiß, wo der Kadaver geblieben ist – falls es ihn jemals gab.[15]

Fotografisches Belegmaterial: der Pattersonfilm

Man könnte glauben, daß die zweitbeste Art von Beweis nach einem Kadaver eine Fotografie sei. Unsere Erfahrung mit der Fotografie des Übernatürlichen hat uns aber gezeigt, daß man sich auf Fotos als Beweis für irgend etwas niemals verlassen sollte, denn ein erfahrener Fotograf kann ohne große Schwierigkeiten realistisch wirkende Fälschungen herstellen. Das gelingt selbst einem Amateurfotografen mit etwas Glück. Was den Großfuß betrifft, so gibt es nur wenige Fotografien, die angeblich einen lebendigen Großfuß zeigen. Nur ein einziger Fall wird wirklich einigermaßen ernstgenommen von denen, die wirklich etwas vom Großfuß verstehen. Der Fotograf war der verstorbene Roger Patterson, der sich in den 60er Jahren intensiv mit Großfußforschung beschäftigte und der auch ein Buch über dieses Thema geschrieben und veröffentlicht hat. Im Herbst 1967 ging er zusammen mit Bob Gimlin am Bluff Creek in Kalifornien auf die Suche nach dem Großfuß. Sie waren zu Pferd unterwegs und ritten Straßen, Wildwechsel und Bachbette entlang. Als sie an einem Bach entlangzockelten, stießen sie auf einen weiblichen Großfuß, der am

Ufer hockte. Die Pferde bäumten sich erschreckt auf, und Patterson stieg ab und holte seine Filmkamera aus der Satteltasche.

Inzwischen ging der Großfuß über eine Sandbank davon und Patterson mußte ihm nachlaufen, um näher heranzukommen. Gleichzeitig filmte er. Das erklärt, warum ein großer Teil des so entstandenen Films etwas verschwommen ist. Als Patterson ungefähr 25 Meter von dem Großfuß entfernt war, blieb er stehen, und der Großfuß drehte sich um und schaute zu ihm herüber. Der Teil des Films, in dem der Großfuß etwa 9 Schritte weit in die Bäume hineingeht, ist der beste, obwohl selbst dieser Abschnitt etwas verwackelt ist, und das Geschöpf ziemlich dunkel und unterbelichtet ist. Patterson und Gimlin machten auch Fotos und Abgüsse von den Fußabdrücken des Geschöpfes, die 35 cm lang und an den Zehen 12 cm breit waren. Sie filmten die Spuren, und dieser Film zeigt, daß die Spuren etwa 2,5 cm tief in den harten Sand eingedrückt waren, während die Tritte der Männer nur schwache Abdrücke hinterließen.[16]

Spontan hielten viele Leute, vor allem Wissenschaftler, die den Film sahen, ihn für einen Schwindel. Es gibt aber überzeugende Argumente, die gegen diese einfache Erklärung sprechen. Figur und Gang des Geschöpfes sind nicht die eines Menschen. Es hat Merkmale, die nur schwer vorzutäuschen sind (z. B. einen spitz zulaufenden Kopf, lange Arme, stark gerundete Hinterbacken, dazu anatomisch passende Muskelbewegungen, doppelte Ballen an den Fußsohlen, und es hinterließ deutliche Fußabdrücke, die definitiv von einem Großfuß stammen). Ein Fachmann für die Herstellung von Affenkostümen zeigte sich von dem Film beeindruckt. Er sagte, wenn man Muskelbewegungen sehen wollte, müßte man einen hautengen Anzug tragen und keinen gefütterten. Auch die Experten in den Disney-Studios meinten, daß sie mit all ihrer Fachkenntnis einen solchen Effekt nicht bewerkstelligen könnten.[17] Wenn man

alle Einzelheiten berücksichtigt, muß man wohl zugeben, daß der Pattersonfilm, wenn er gefälscht war, eine ganz hervorragende Fälschung war. Immerhin konnte er die Leute überzeugen, die am meisten über den Tier-Menschen und sein Aussehen wissen und die daher am ehesten Anomalien feststellen könnten, die sicherlich jedem Fälscher unterlaufen würden, sofern er nicht selbst ein Großfußexperte wäre! Die Annahme liegt näher, daß der Film tatsächlich einen Großfuß zeigt.
Die Untersuchung und Analyse des Pattersonfilms wurde überwiegend ernsthaft, aber mit unerwarteten, vergnüglichen Aspekten fortgesetzt. 1981 berichtete Jon Beckjord, der behauptete, den Film zu analysieren: »Nach genauer Inspektion kommen wir zu dem Ergebnis, daß ein Sasquatchbaby zu sehen ist, das wie ein kleines Äffchen aussieht und das sich an die Sasquatchmama anklammert, als fürchte es um sein Leben.«[18] Beckjords Interpretation wurde bald von Bruce Bonney, der den Film ebenfalls analysierte, angezweifelt. Er hatte die besten Abzüge hergestellt, die bisher von dem Film hergestellt wurden. Er wies darauf hin, daß die Bilder schnell an Schärfe und Deutlichkeit verlieren, wenn man mit Kopien oder gar mit Kopien von Kopien arbeitet und daß Computervergrößerungen von schlechter Qualität einen leicht in die Irre führen können. Keiner der Wissenschaftler, die den Film analysiert haben, hat gesagt, er habe ein Baby gesehen. Als man im Oktober 1981 Bob Gimlin befragte, ob er etwas Derartiges bei der Aufnahme des Films gesehen habe, erklärte er ärgerlich: »Ein Baby hätte *nicht die geringste Chance* gehabt, sich irgendwo an diesem Geschöpf festzuklammern! Es gab kein Baby! *Nichts!* Es hing *nichts* an dem Ding!« Bonney kam zu dem Schluß, »daß es das Baby nicht gibt und daß es nur eine komplexe optische Täuschung ist«.[19]
Es gibt noch andere Filme vom Großfuß, aber keinem kann man bezüglich seiner Authentizität soviel Vertrauen schenken wie dem Film von Roger Patterson. Dasselbe gilt

Einzelaufnahme (unten links) aus dem Film, den Roger Patterson am 20. Oktober 1967 am Bluff Creek in Nordkalifornien drehte. Die Zeichnung (oben) ist die Rekonstruktion, die der russische Forscher Dimitri Bayanow vom Kopf des Großfußes angefertigt hat. Man vergleiche beides mit dem Foto (unten rechts) von einem Bären, der mühsam auf seinen Hinterbeinen steht. Diese Bilder liefern den sichtbaren Beweis, daß der Großfuß – was immer er sein mag – auf alle Fälle kein Bär ist.

für gelegentlich auftauchende Einzelaufnahmen. Entweder stellt der Fotograf übertriebene Behauptungen auf oder die Aufnahme zeigt nichts, was nicht von einem Menschen in einem Gorillaanzug nachgemacht werden könnte. Es stellt sich die Frage, warum es nicht mehr authentisch wirkende Fotos vom Großfuß gibt. Wenn man ihn tatsächlich allein in diesem Jahrhundert über 1000mal gesehen hat, sollte man dann nicht erwarten, daß zumindest einige der Zeugen mit Kameras ausgerüstet waren? Tatsächlich hatten einige der Zeugen Fotoapparate dabei, aber in der Aufregung war Fotografieren das letzte, was ihnen einfiel. Rick Knowitsch sah am 18. Juli 1980 in Scotch Run Valley, Pennsylvania, einen Großfuß. Er war im Auto unterwegs und hielt an, um etwas genauer zu betrachten, das er auf den Eisenbahnschienen neben der Straße entdeckt hatte. »Es kam direkt auf das Auto zu. Es war ganz schwarz und hatte lange, schwarze Haare. Es kam den Bahndamm entlang auf mich zu.« Als das Geschöpf nur noch 15 Meter weit weg war, packte Knowitsch sein Gewehr und stieg aus dem Auto aus. »Ich hatte den Fotoapparat direkt neben mir auf dem Sitz liegen, aber ich dachte einfach nicht daran, das verdammte Ding zu benützen. Ich griff automatisch nach meinem Gewehr, weil das Ding direkt auf mich zukam.« Das Geschöpf drehte um und verschwand im Busch. Knowitsch wollte es alleine lieber nicht verfolgen.[20]

Die einzigen Menschen, die sofort zum Fotoapparat greifen würden, wenn sie einem zwei Meter großen Großfuß gegenüberstehen, wären Berufsfotografen. Für sie ist die Kamera fast ein Teil der eigenen Person geworden. Sie benützen die Kamera ohne nachzudenken. Vielleicht hätte auch jemand die Nerven dazu, der sich leidenschaftlich der Suche nach dem Großfuß widmet, wie Roger Patterson, und deshalb ständig daran denkt, wie wichtig es ist, Beweismaterial von guter Qualität zu bekommen. Leider sehen Großfußjäger, die sich in die Wildnis vorwagen, selten einen Großfuß, ob sie nun mit Kameras oder mit Gewehren ausgerüstet sind. Da der Großfuß die Fähigkeit besitzt, andere zu sehen, ohne gesehen zu werden, und weil es vermutlich nicht mehr viele gibt (Professor Grover Krantz schätzt, daß ungefähr 200-300 im pazifiknahen Nordwesten leben),[21] sind die Chancen, daß es jemand *nicht* gelingt, einen Großfuß so lange zu beobachten, bis er ihn fotografiert hat – selbst wenn der Zeuge die Kamera einsatzbereit hat – außerordentlich hoch. Roger Patterson hatte Glück. In den 17 Jahren, die vergangen sind, seit er seinen Film drehte, ist es trotz weiterer Begegnungen niemandem gelungen, auch nur annähernd so gute Aufnahmen zu machen wie Patterson.

Lautäußerungen

Nachdem wir die stofflichen und optischen Hinweise auf die Existenz des Großfußes diskutiert haben, bleibt noch eine weitere Art von Indizien: die Laute, die er ausstößt. Es gibt viele Berichte, die den Schrei des Großfußes beschreiben, aber nicht alle stammen von Zeugen, die auch sahen, wie das Geschöpf diesen Laut von sich gab. Häufig kommen die Berichte von Leuten, die den Großfuß sahen und später den Schrei hörten, oder von Leuten, die den Verdacht haben, daß sich ein Großfuß in der Gegend herumtreibt, so daß der seltsame Schrei ihren Verdacht nährt, selbst wenn kein Großfuß zu sehen ist. Die Laute werden unter anderem beschrieben als Grunzen, Knurren, Pfeifen, Quietschen, Bellen, Kreischen, Brüllen, gellende Schreie, Winseln und schrille Rufe. Der 16jährige Tim Meissner, der am 28. April 1979 am Dunn Lake in Britisch-Kolumbien angelte, hörte ein schrilles Kreischen, das etwa 30 Sekunden anhielt. Als er aufschaute, sah er einen Großfuß am gegenüberliegenden Seeufer entlangrennen und zwischen den Bäumen verschwinden. Zwei Tage später sah er ihn aus der Nähe.[22]

Rick Knowitsch, von dessen Beobachtungen im Jahre 1980 bereits die Rede war, hörte in der darauffolgenden Nacht einen seltsamen Schrei. Er hielt sich mit Verwandten in seiner Jagdhütte auf (zu der er unterwegs gewesen war, als er den Großfuß sah), und sie wurden von einem lauten, hohen Schrei geweckt, der ihnen unbekannt war. »Es war ein äußerst unheimlicher Schrei.« Als sie hinausgingen, stellten sie fest, daß sich die Hunde in ihren Hütten verkrochen hatten.[23]
Tom Talanca und ein Freund sahen in derselben Gegend einen Monat nach Knowitschs Erlebnis, am 18. August 1980, einen Großfuß. Er stand auf der Nordseite des Jonestown Mountain in Pennsylvania mitten auf der Straße, verschwand aber im Gebüsch, als ihr Lastwagen in Sicht kam. Sie hielten an, stiegen aus und liefen ihm nach, besannen sich aber nach einem kurzen Stück eines Besseren. Sie konnten einen Hund bellen hören und dazwischen ein lautes Heulen, wie beim Weinen. »Das Geräusch ist schwer zu beschreiben.«[24]
Es gibt selbstverständlich eine Menge natürlicher Erklärungen für merkwürdige Geräusche, die man in den Wäldern hört: Hunde, Kühe, Rotwild, Bären und Pumas zum Beispiel. Ein Wildhüter enträtselte ein »markerschütterndes« Geschrei, ein tiefes Bellen, halb Brüllen, halb Knurren, das man bei Slate Run in Pennsylvania hörte. »Würden Sie glauben, daß dieses Geräusch wahrscheinlich von einem großen Weißwedelhirsch stammt? Wenn Rotwild nachts auf der Suche nach Äsung von irgend etwas gestört wird, stößt es ein bellendes Grunzen aus und versucht damit Eindringlinge zu erschrecken und aus seinem Revier zu vertreiben... Rotwild ist um diese Jahreszeit nicht auf Camper gefaßt.«[25] Aber nicht alle merkwürdigen Geräusche aus dem Wald können durch Haustiere oder wilde Tiere erklärt werden. Um das zu beweisen, hat man versucht, die Geräusche, die der Großfuß von sich gibt, auf Tonband aufzunehmen und analysieren zu lassen. Beson-

ders bemühte sich darum der Journalist Alan Berry, der im Oktober 1972 in den High Sierras von Nordkalifornien 13 km vom nächsten Weg entfernt zeltete. Er begab sich eigens dorthin, um Großfüße zu sehen, zu fotografieren, auf Tonband aufzunehmen und vielleicht Kontakt mit ihnen aufzunehmen. Die Leute, die mit ihm zelteten, hatten in dieser Gegend schon Großfüße gesehen. Es gelang ihm, die Geschöpfe selbst zu sehen und zu hören, und er konnte ihr Pfeifen und ihr Geschnatter aufnehmen. Als er versuchte, die Bänder analysieren zu lassen, stieß er auf die erwartete Reaktion: »Schwindel!« Aber schließlich wurden die Bänder von R. Lynn Kirlin und Lasse Hertel mit Hilfe anerkannter Verfahren der phonetischen Analyse untersucht. Sie kamen zu dem Schluß, daß »Art und Umfang der aufgenommenen Tonhöhen sowie die geschätzte Länge des Stimmapparates der Sprecher darauf hinweisen, daß die Laute von einem Geschöpf produziert wurden, dessen Sprechapparat einem Körper entspricht, der größer ist als der des Menschen«. Sie waren auch der Meinung, daß an dem Band nichts auf Voraufnahmen oder Nachaufnahmen mit veränderter Geschwindigkeit hinweise.[26]
Von den körperlichen Spuren, die der Großfuß hinterläßt, liefern die Fußabdrücke eindeutig die ergiebigsten Daten. An zweiter Stelle steht Roger Pattersons Film. Die Analyse von Exkrementen, Haaren und Lauten erbringt einige zusätzliche, aber keine stichhaltigen Informationen. Alle diese Indizien sind unabhängig von den Zeugenaussagen, die den größten Teil des Beweismaterials für die Existenz des Großfußes ausmachen. Da man sich auf 1000–2000 Berichte stützen kann, müssen diese einige durchgängige Merkmale und Verhaltensmuster aufweisen, die uns mehr über unser »Wild« sagen können.

Verhaltensmuster

In Kapitel 1 haben wir den »durchschnittlichen« nordamerikanischen Großfuß beschrieben. Wir haben uns dabei auf die Daten bezogen, die wir den Berichten über Begegnungen mit Großfüßen entnommen haben. Wir werden jetzt die vorherrschenden Verhaltensmuster beschreiben, die erkennbar waren. Wir sind sicherlich nicht die ersten, die das tun. John Green, ein Großfußforscher in Britisch-Kolumbien, hat seit über 25 Jahren Berichte über den Großfuß gesammelt und kann sich auf über 2000 berufen, wir dagegen nur auf »magere« 1000. 1978 veröffentlichte er eine 500 Seiten lange Übersicht seiner Daten: *Sasquatch – The Apes Among Us*. Das Buch ist lebendige und spannende Lektüre. Er konnte Statistiken zitieren, die er aus der Analyse seiner eigenen Daten gewonnen hatte. Sie zeigten beispielsweise, daß die durchschnittliche Größe des Großfußes insgesamt 2,28 Meter ist (errechnet auf einer Grundlage von 465 Fällen, in denen die Größe geschätzt wurde) und daß die Durchschnittsgröße des Großfußes in Kalifornien und Oregon mit 2,45 bzw. 2,58 Meter höher liegt.[27] Die Übersicht von John Green ist wahrscheinlich das zuverlässigste Werk über alle Aspekte des Großfußes, das bisher erschienen ist. Er unternimmt darin keinen Versuch, seine Überzeugung von der Existenz der Tier-Menschen zu beweisen, sondern beschränkt sich darauf, das Verhalten des Geschöpfes zu dokumentieren, so wie es die Zeugen beschreiben.

Das folgende Material stützt sich überwiegend auf neuere Ereignisse, über die in anderen Büchern noch nicht viel geschrieben worden ist. Wenn der Leser ältere Berichte sucht, die ähnliche Verhaltensmuster beschreiben, kann er sie in unserem *Bigfoot Casebook* und in John Greens *Sasquatch – The Apes Among Us* finden.

Das auffallendste Merkmal des Großfußes ist, daß er es offenbar vorzieht, Abstand von Menschen zu halten. Begegnungen, die ein Großfuß absichtlich herbeiführt, sind höchst selten. Wenn ein Großfuß und ein Mensch sich unerwartet gegenüberstehen, zieht sich der Großfuß ruhig in die Wildnis zurück. Man kann vermuten, daß der Großfuß im allgemeinen merkt, wenn Menschen um den Weg sind, und sich im Unterholz versteckt. Schließlich kann kaum ein Mensch unhörbar durch einen Wald gehen, wo man am ehesten einen Großfuß sieht. Man sieht ihn auch oft auf Straßen oder unbefestigten Wegen durch bewaldetes Gebiet. Dort überraschen Leute, die im Auto oder mit Lastwagen unterwegs sind, den Großfuß. Wir haben bereits mehrere Beispiele für solche Begegnungen angeführt. Der Großfuß muß aber auch eine gehörige Portion Neugier besitzen. Das wäre jedenfalls *eine* Erklärung für seine Gewohnheit, sich an ahnungslose Leute im Wald heranzuschleichen und sie zu beobachten, meist an Urlauber oder Jäger, die campen, aber auch an Holzfäller bei der Arbeit. Es kann auch sein, daß ihn ihr Eindringen in sein Revier ärgert, denn manchmal gibt er sich nicht damit zufrieden, einfach zuzuschauen, sondern »beschimpft« die Eindringlinge oder rüttelt an ihrem Auto. Eine Gruppe von Campern verließ ihr Lager in der Gegend des Sitting-Bull-Wasserfalls bei Carlsbad, New Mexico, im Oktober 1980, nachdem sie einen Großfuß gesehen hatte. Er ging nur um das Lager herum und kreischte laut, aber das genügte, um die Eindringlinge zum Abziehen zu bewegen.[28] Zwei Männer, die Ende 1979 bei Wheeler in Oregon auf der Jagd waren, fanden mehrere große Fußabdrücke, und in der Nacht wurde an ihrem Wohnwagen gerüttelt. Um etwa 1 Uhr morgens am 1. November ging John Parson aus dem Wohnwagen hinaus und sah eine menschenähnliche Gestalt, die 2,30 Meter groß war, in 15 Meter Entfernung im Mondlicht stehen.[29]

Neugier und der Wunsch, sein Revier zu schützen, veranlassen den Großfuß wahrscheinlich auch, sich Menschen und Autos zu nähern. Obwohl die Zeugen meist Angst haben, wendet der Großfuß selten Gewalt gegen Menschen an. In Anbetracht seiner Größe und Kraft könnte er mit Leichtigkeit einen kleinen Menschen töten, wenn er wollte. Daß er das nicht tut, ist ein Beweis für seine friedfertige Natur. Wenn sich ein Zeuge als Folge einer Begegnung mit einem Großfuß eine Verletzung zuzieht, so ist das meist eher zufällig. So war es auch bei Brian Balnap und Clynn Josephson, die am 30. August 1980 zum Goldwaschen am Mine Creek bei Malad in Idaho waren. Ein menschenähnliches Geschöpf, das 2,90–3,00 Meter groß und von langen, dunklen Haaren bedeckt war, kam auf sie zu. Sie ergriffen zu Pferd die Flucht. Aber auch die Pferde hatten Angst, schlugen aus und bockten. Das Pferd von Josephson überschlug sich, und er brach sich das Handgelenk.[30] Ebenso furchterregend, aber wohl genausowenig von dem Großfuß beabsichtigt, war das Erlebnis einer Frau, die nachts bei Julian in Kalifornien unterwegs war. Ein riesiges, behaartes Tier mit einem menschenähnlichen Gesicht sprang in großen Sätzen neben ihrem Wagen her und versuchte, seinen Arm in das Fahrzeug hineinzustrecken. Sie entkam, indem sie Vollgas gab.[31] Es gibt gelegentlich Meldungen, daß ein Großfuß Leute angegriffen oder zumindest gepackt habe, wie z. B. Jackie Tharp im Winter 1977 bei ihrem Haus in Williams, Indiana. Als sie schrie, ließ sie der Großfuß los und trollte sich.[32] Der glückliche Ausgang dieser potentiell gefährlichen Situation scheint wiederum darauf hinzuweisen, daß das Geschöpf eher von Neugier (oder gar Sympathie?) erfüllt war als von Angriffslust.

Die Berichte über tödliche Angriffe auf Menschen sind selten. Es ist offensichtlich, daß der Großfuß den Menschen nicht als »Nahrung« ansieht. Das ist eigentlich erstaunlich, wenn man bedenkt, daß er ohne weiteres andere große Lebewesen, wie Rotwild, tötet und frißt. Bauern lasten dem Großfuß auch das Töten von Vieh an, aber abgesehen von Hühnerraub gibt es wenig eindeutige Beweise für die Schuld des Großfußes. Im allgemeinen ist es

wahrscheinlicher, daß eine Großkatze (z. B. ein Panther oder ein Puma) am Werk war. Der Großfuß läßt sich aber andererseits keine Gelegenheit entgehen, sich Arbeit zu ersparen. Ein Mann, der 1957 in Wanoga Butte bei Bend in Oregon auf Rotwildjagd war, beobachtete völlig entgeistert, wie ein Großfuß sich mit einem Stück Wild davonmachte, das er selbst soeben erlegt hatte. Wutentbrannt schoß der Jäger mehrmals auf den Rücken des fliehenden Großfußes, aber das Geschöpf ging einfach weiter.[33] Ob Fälle wie dieser darauf hinweisen, daß der Großfuß auf rätselhafte Weise gegen Gewehrkugeln unempfindlich ist, werden wir im nächsten Kapitel besprechen.
Zahlreiche Berichte aus vielen Jahren deuten darauf hin, daß der Großfuß gegen Hunde eine Abneigung hat. Hunde verkriechen sich häufig, wenn ein Großfuß um den Weg ist, und weigern sich, anzugreifen, was in Anbetracht des Schicksals von mutigeren Hunden klug ist. Manchmal kämpft ein Hund bis zum Tod – seinem eigenen. Manchmal bringt ein Großfuß nur seine Abneigung gegenüber Hunden zum Ausdruck, wie es offenbar im Dezember 1981 in Lexington Township, Michigan, geschah. Kathy Hensley hörte eines Abends ihre Hunde bellen und ging hinaus, um nachzusehen, was los war. Das Licht über der Haustür beleuchtete ein großes, behaartes Tier, das über 1,80 Meter groß war und ihren Schäferhund Max hochhielt. Der Hund winselte, aber das Geschöpf tötete ihn nicht, sondern schleuderte ihn ein Stück weit weg. Frau Hensley dachte, das Geschöpf müsse ein Bär sein, aber es verhielt sich wie Großfüße gegenüber Hunden. Außerdem lebt Frau Hensley nur 16 km von der Barone-Farm entfernt, wo etwa um die gleiche Zeit Tina Barone zufällig ein großes behaartes Geschöpf in der Scheune berührte.[34]
Frau Hensleys Bericht hebt noch ein weiteres, bekanntes Verhaltensmuster von Großfüßen hervor. Sie machen sich gerne an ländliche Wohnhäuser heran. Das steht nicht im Widerspruch zu unserer früheren Feststellung, daß der

Großfuß scheu ist und den Menschen meidet, denn er nähert sich Wohnsiedlungen normalerweise nur bei Nacht. Wenn er gesehen wird, dann zufällig und meist nur, wenn er zu neugierig ist und vergißt, vorsichtig zu sein, oder wenn er die Aufmerksamkeit auf sich lenkt, weil er durch ein Fenster schaut oder versucht, eine Tür zu öffnen. Oder die Hunde fangen an zu bellen und der Besitzer geht hinaus, um nach dem Rechten zu sehen, und sieht den Großfuß. Es scheint zwei Hauptgründe dafür zu geben, daß der Großfuß sich Wohnhäusern nähert: Neugier und Hunger. Bellende Hunde weckten Marie Stumbauch in Palmdale, Kalifornien, in der Morgenfrühe des 27. August 1980. Ihr 18jähriger Sohn schaute aus dem Fenster und sah ein Geschöpf, das er für einen großen Menschen hielt, im Hof stehen. Während er noch schaute, rannte es davon. Später fand man 23 cm lange Fußabdrücke.[35]

Die Häuser sind nicht immer abgelegen. Frau Marion Dean aus Artesia in New Mexico behauptete, sie habe ein zwei Meter großes »Ding«, das ein schwarzes Fell hatte, in einer Allee in der Nähe ihres Wohnblocks stehen sehen. Sie ging Ende Oktober 1980 eines Abends um 23 Uhr hinaus, weil ihr Hund unruhig war, und sah das Geschöpf in der Nähe eines Müllcontainers (ist das ein Hinweis auf den Grund seiner Anwesenheit?) stehen. Sie berichtete: »Es rührte sich nicht. Es stand einfach still und starrte mich an. Ich ließ meinen Hund los und tat, als hätte ich es nicht gesehen, aber ich schaute die ganze Zeit hin.« Sie kehrte in ihre Wohnung zurück, doch als sie von dort aus das Geschöpf beobachten wollte, war es verschwunden. »Aber es stand lange genug dort. Ich bin sicher, daß ich es gesehen habe. Ich weiß nicht, was es gewesen sein könnte, aber ich würde auf einen ganzen Stoß Bibeln schwören, daß ich es gesehen habe.«[36] Sowohl Artesia als auch Palmdale sind größere Städte, aber beide sind von wildem und unwegsamem Gebiet umgeben, in dem ein Großfuß leicht unbemerkt leben könnte.

Trotz der Bemühungen von Jägern und anderen Interessenten lebt der Großfuß weitgehend im Verborgenen. Er hält sich versteckt, und der Versuch, ihn aufzuspüren, scheitert meistens. Zwar findet man häufig Fußspuren, aber sie führen nicht zu den Verstecken des Großfußes. Man hat sogar vermutet, daß der Großfuß Spurensucher dadurch verwirren will, daß er so selten wie möglich Spuren hinterläßt. Verstecke oder Nester werden niemals gefunden, obwohl man annimmt, daß die Großfüße in Höhlen leben, wo es Höhlen gibt, oder Nester aus Zweigen bauen oder flache Mulden in weichen Boden graben. Es gibt einen einzigen Bericht davon, daß Großfüße im Freien schlafend gesehen wurden. Ihr Rücken zeigte nach oben und sie hatten ihre Knie und ihre Ellbogen unter den Körper geschoben. Derselbe Zeuge sah später einen dieser beiden weiblichen Großfüße im Bach Kot ausscheiden. Diese Begegnung fand im November 1968 in Oregon statt und war nur eine von mehreren, die dieser Zeuge beschrieb.[37]

In unseren Unterlagen gibt es mehrere Berichte darüber, daß man Großfüße im Wasser gesehen hat. Am 21. Dezember 1980 beobachtete das Jose Rivera im San-Antonio-Tal in Kalifornien. Er suchte nach drei entlaufenen Kühen. Als er an einem Teich vor ihm plätschernde Geräusche hörte, machte er sein Gewehr schußfertig, weil er dachte, es seien Wildschweine. Als er näher kam und nur noch 40 Meter von dem Teich entfernt war, sah er zwei behaarte Geschöpfe, das eine 1,50 Meter groß, das andere 2 Meter, die im Wasser herumplanschten. Sie hörten auf und schauten ihn an, und er überlegte, ob er eines von ihnen erschießen sollte, entschied sich aber dagegen und ging weiter.[38]

Manchmal findet man Spuren, die ins Wasser führen oder aus dem Wasser herauskommen, wie am 21. April 1982, als man zwei Sorten von Fußabdrücken fand, die bei Brady in Washington aus dem Fluß Satsop herausführten. Die Geschöpfe kamen aus dem Fluß heraus und kletterten eine

Bootsrampe hinauf. Die Abdrücke der einen Spur waren 43 cm lang und 17 cm breit, die anderen maßen 38 auf 12 cm. Der Beauftragte Dennis Heryford sagte dazu: »Wenn es ein Schwindel war, muß sich die Person dabei völlig verausgabt haben. Wir ließen einen 117 kg schweren Sachverständigen neben die Fußabdrücke springen und er hinterließ nicht annähernd so tiefe Abdrücke.«[39] Man hat Großfüße auch schon schwimmen sehen, was sie wohl auch im Satsopfluß taten. Möglicherweise benützen sie diese Methode, um von einem Ort zum anderen zu kommen, wenn der kürzeste Weg durch einen Fluß oder See führt. Die Großfüße, die man im Teich sah, haben vielleicht eher gespielt als gebadet. Wenn man an die Gerüche denkt, von denen die Zeugen berichtet haben, muß man wohl annehmen, daß ein Großfuß eher aus Versehen als mit Absicht badet.

Ernährungsweise

Das Geheimnis seines Überlebens könnte in der Fähigkeit des Großfußes liegen, weitgehend unbemerkt von seinem Hauptfeind, dem Menschen, zu leben. Ein begünstigender Faktor ist auch, daß er die verschiedensten Arten von Nahrung vertragen kann. Die gesammelten Berichte und die Analysen der Exkremente deuten darauf hin, daß der Großfuß eine ganze Palette unterschiedlicher Nahrungsmittel zu sich nimmt. An Fleisch frißt er unter anderem Rotwild, Vögel, Haushühner, Fische, Muscheln, Kaninchen und andere kleine Tiere. Ein Zeuge beobachtete eine Familie von Großfüßen dabei, wie sie zwischen Felsen nach kleinen Nagetieren gruben und sie dann verspeisten.[40] Ein anderer Mann, der bei Hoopa in Kalifornien fischte, sah einen riesigen, behaarten Mann, der etwa 3 Meter groß war, im Wasser stehen und zwei Lachse in den Händen halten. In seinen riesigen Pranken sahen die Lachse aus wie

Forellen.[41] Der Großfuß tötet manchmal Rotwild selbst, anstatt es von Jägern zu stehlen. Tim Meissner, von dessen Begegnungen in Britisch-Kolumbien im April 1979 bereits die Rede war, fand ein totes Stück Rotwild, als er die Stelle untersuchte, an der er den Großfuß zuerst gesehen hatte. Außer einer zerschmetterten Halswirbelsäule wies es keine Verletzungen auf. Es war unter Ästen, Blättern, Zweigen und Moos versteckt.[42]

Neben Fleisch verzehrt der Großfuß auch Äpfel, Beeren, Getreide, Gras, Zweige und Blätter, Früchte, wie Bananen und Pfirsiche, Wurzeln, Gemüse, Tomaten und Wasserpflanzen, einschließlich Seerosenzwiebeln. Vor vielen Jahren sah Mike King, ein Forstbeamter, der in Britisch-Kolumbien arbeitete, wie ein Großfuß sich über ein Wasserloch beugte und Wurzeln wusch, die er dann zu zwei säuberlichen Stapeln aufschichtete. Als er merkte, daß er beobachtet wurde, rannte er einen Hügel hinauf davon.[43]

In der zweiten Hälfte des 20. Jahrhunderts hat der Speiseplan des Großfußes eine Erweiterung erfahren, weil er jetzt auch für Menschen bestimmte Nahrungsmittel einschließt. Sie stammen aus Mülltonnen und gelegentlich von Leuten, die sich über den Besuch von Großfüßen freuen und ihnen Futter hinstellen. Der Großfuß hat eine Vorliebe für Kuchen, gekochtes Huhn und Sandwiches entwickelt. Allerdings ließ einer einen mit Erdnußbutter und Gelee bestrichenen Sandwich liegen, der zusammen mit anderen Speiseresten 1966 in New Jersey für ihn hingelegt worden war.[44]

Diese kurze Übersicht über das Verhalten des Großfußes ließ notgedrungen viele interessante Berichte unbeachtet. Man hat den Großfuß alle möglichen und unmöglichen Dinge tun sehen: Salztüten aufreißen, einen Hochspannungskasten aufreißen, auf ein Autodach springen, Schmutz durch ein Autofenster werfen, einen Reifen samt Felge in die Luft werfen, 6 Meter Kanalrohr gegen einen Baum schmettern und zertrümmern, eine Gans nach einer

Frau werfen, Steinbrocken schleudern, mit einem Lagerfeuer spielen, Campingausrüstung kaputtmachen, Leute jagen, ohne zu versuchen, sie zu erwischen, Muscheln ausgraben am Strand, Fische auf Stöcke spießen. Wenn die Berichte zutreffend sind, kann das Verhalten des Großfußes noch ausgefallener werden, und er kann z. B. in einem Lichtblitz verschwinden. Diese unheimlichen Berichte werden wir im nächsten Kapitel behandeln.

5

Der nicht-körperliche Großfuß und die UFO-Verbindung

Bei den meisten Begegnungen mit dem Großfuß sehen die Zeugen nichts, was sie zu der Meinung bringen könnte, sie hätten etwas gesehen, das nicht hundertprozentig zur physischen Welt gehört. Das ist jedoch nicht immer so, und einige der Berichte enthalten Einzelheiten, die man als unheimlich bezeichnen muß.
Das Merkmal, das dabei am häufigsten erscheint, ist die angebliche Unempfindlichkeit des Großfußes gegenüber Büchsengeschossen. Es gibt eine überraschend große Zahl von Fällen, in denen man mit Gewehren auf den Großfuß geschossen hat, ohne daß man irgendwelche Wirkungen bemerkt hätte. Einen solchen Fall haben wir bereits in Kapitel 1 geschildert. Es war der Fall Charles Fulton aus Maysville in Kentucky, der im Oktober 1980 auf einen weißbehaarten Großfuß schoß, den er vor seinem Haus sah. Zwei Schüsse aus einer Pistole im Kaliber 22 Lfb blieben anscheinend wirkungslos.[1] Natürlich können wir nicht genau wissen, wie sicher der Zeuge unter diesen Umständen geschossen hat; deshalb müssen wir einige Fragen stellen: War er unter normalen Umständen ein guter Schütze? Trug er seine Brille? Wie nah war der Großfuß? Bewegte er sich? Konnte er ihn im Dunkeln (im Nebel oder durch Blätter hindurch) deutlich sehen? Selbst wenn alle Fragen mit Ja beantwortet werden, bleibt die Gewißheit, daß selbst der beste Schütze sein Ziel gelegentlich verfehlen kann.
Manchmal ist der Zeuge sicher, daß er nicht danebengeschossen hat. Ein Großfuß, der im Mai 1977 immer wieder auf die Farm der Familie Sites in Wantage in New Jersey kam, wurde eines Tages von Sites und einigen Freunden in einer Ecke des Hofes gestellt. Sie schossen aus einem Jagd-

gewehr im Kaliber 222 Magnum und einer 410er Schrotflinte auf ihn. Er rannte in einen Schuppen und kletterte durch ein Fenster hinaus. Sites sah ihn mit ausgestreckten Armen unter einem Baum stehen und schoß »drei- oder viermal mit Flintenlaufgeschossen aus meiner 410er Schrotflinte auf ihn. Ich weiß, daß ich ihn getroffen habe.« Aber der Großfuß knurrte sie nur an, und die Männer zogen sich ins Haus zurück, um nachzuladen. Sites verfolgte den Großfuß später mit seinem Geländewagen, aber er entkam.[2]

Tim Meissner, der im April 1979 einen Großfuß bei Dunn Lake in Britisch-Kolumbien sah, schoß aus einer Entfernung von 15 Metern auf ihn: »Ich zielte genau zwischen die Augen, und er sank auf ein Knie nieder und stützte sich auf eine Hand. Zuerst dachte ich, er sei tot, aber ich glaube, ich habe ihn nur gestreift, denn er stand auf und rannte mit einer Geschwindigkeit von etwa 50 km/h davon.«[3] Einige Zeugen haben aus nächster Nähe auf einen Großfuß geschossen, doch ohne sichtbaren Effekt. Es kann sein, daß die Körpermasse der Geschöpfe (der Großfuß, den Tim Meissner sah, war, gemessen an einem Baum, etwa 2,70 Meter groß) so enorm ist, daß die verwendeten Geschosse nicht genügend Kraft haben, um eine sofort bemerkbare Verletzung zu bewirken. Der Großfuß kann dann anscheinend unverletzt entkommen. Aber wenn die Kugel in den Körper eingedrungen ist, wird sie dem Geschöpf wohl über lange Zeit hinweg erhebliche Schmerzen bereiten.

Daß Großfüße sehr wohl durch Schüsse verletzt werden können, ergibt sich aus einer ganzen Anzahl von Berichten. Im September 1981 sah der 14jährige Robert Hunt ein großes, dunkles Geschöpf, als er in der Nähe seines Elternhauses in Swainsville in North Carolina zu Fuß unterwegs war. Er sah es aus einer Entfernung von 15 Meter, rannte heim und schnappte ein Gewehr. Er ging wieder hinaus und schoß auf das Geschöpf, das auch getroffen schien. Seine Mutter sah es einen Augenblick und sagte: »Es zog einen Fuß nach, als sei es verletzt.«[4] Der Zeitungsbericht gibt keinen Aufschluß darüber, ob der Großfuß schon ein Bein nachzog, bevor auf ihn geschossen wurde, oder ob das Hinken eindeutig ein Ergebnis der Schüsse des Jungen war. Die Darstellung legt aber letzteres nahe. Alles in allem sieht es so aus, als sei der Großfuß keineswegs unempfindlich gegen Gewehrkugeln, sondern als erschiene er nur unverletzlich, weil die verwendeten Kaliber zu klein sind. Nur ein Schuß zwischen die Augen aus nächster Nähe mit einer großkalibrigen Waffe, wie sie von Großwildjägern benutzt wird, könnte die angebliche Unverletzlichkeit des Großfußes auf die Probe stellen.

»Immaterialität« und andere nicht-körperliche Aspekte

Als weiteres unheimliches Merkmal von Berichten über den Großfuß taucht die »Nichtstofflichkeit« auf. Ein Geschöpf, das 1972 in Roachdale in Indiana gesehen wurde, hinterließ nicht einmal in aufgeweichtem Boden Spuren, und eine Zeugin meinte, sie hätte durch es hindurchsehen können.[5] Dieser Großfuß ging auch völlig lautlos durch Gebüsch. Im Februar 1981 fand man bei Kinderhook im Staat New York riesige Fußabdrücke, die mitten in einem Feld begannen.[6] 1973 verschwand in Sykesville in Maryland ein Großfuß – laut Bericht –, auf den man aus nächster Nähe geschossen hatte. Dasselbe wurde 1974 aus Uniontown in Pennsylvania berichtet, wo eine Frau auf ein großes, behaartes, affenartiges Wesen schoß, das vor ihrer Tür stand. Sie benützte eine 16er Schrotflinte, die in Türnähe aufbewahrt wurde, weil man damit streunende Hunde verjagte. Als das Geschöpf die Arme über seinen Kopf hob, zielte die Frau auf seinen Bauch und schoß. Daraufhin verschwand das Geschöpf in einem Lichtblitz.[7]

Weitere unheimliche Berichte führen alles mögliche an: einen Großfuß, der seine Gestalt verändert; Wesen, die glühende Kugeln tragen; die Anziehungskraft von Aluminiumanhängern und Frauen; ein Zeuge soll nach einer Begegnung mit einem Großfuß verrückt geworden sein und sich dann wie ein Großfuß aufgeführt und die entsprechenden Geräusche von sich gegeben haben; man habe eine klebrige grüne Substanz an einer Stelle gefunden, an der man ein grünliches Geschöpf mit grünen Augen gesehen habe; geisterhafte Stimmen usw...

Diese Liste könnte leicht noch um eine Seite verlängert werden, aber einzeln genommen haben diese Fälle wenig Beweiskraft und jedes dieser unheimlichen Merkmale des Großfußes wird nur von einem einzigen Bericht belegt. Da die Zeugen sich möglicherweise irren, bräuchte man für jedes unheimliche Merkmal mehrere Berichte von Beobachtern, die nichts miteinander zu tun haben, bevor man diesen Berichten wirklich Glauben schenken dürfte. Obwohl sie faszinierend sind, tragen sie daher wenig dazu bei, am Großfuß nicht-körperliche Merkmale überzeugend nachzuweisen. Wenn man die Gesamtzahl dieser Art von Berichten mit der Anzahl der gemeldeten Begegnungen mit dem Großfuß überhaupt vergleicht, die inzwischen bei über 2000 liegt, so zeigt sich deutlich, daß der Prozentsatz der Berichte, in denen von unheimlichen Merkmalen die Rede ist, verschwindend gering ist. Solche Berichte sind daher nicht repräsentativ für das Phänomen Großfuß insgesamt. Was sie zum Rätsel des Großfußes beizutragen haben, wird in unserem letzten Kapitel erörtert werden.

Die Verbindung mit den UFOs

Einige der unheimlichen Berichte weisen noch ein Merkmal auf, das wir bisher noch nicht beachtet haben: das Erscheinen von UFOs. Der Terminus »UFO« bezeichnet hier alle Arten von Phänomenen – von unbestimmbaren Lichtern am Himmel, die man normalerweise in der Nacht sieht – bis hin zu kompakten, strukturierten Fahrzeugen, die man tagsüber oder nachts aus der Nähe am Himmel oder auf dem Boden sehen kann. In der Mehrzahl der Fälle handelt es sich bei den UFOs, die Beobachter von Großfüßen sehen, um Lichter und nicht um Fahrzeuge. Die folgenden Angaben werden das zeigen. UFOs wurden 1973 aus Pennsylvania und aus Sykesville in Maryland gemeldet, also aus Gebieten, in denen anscheinend nicht-körperliche Großfüße gesehen wurden. Der Großfuß, der 1972 in Roachdale gesehen wurde, soll angeblich nur ein paar Stunden nach der geräuschlosen Explosion eines geheimnisvollen, leuchtenden Gegenstandes über einem Feld aufgetaucht sein.[8]

Vor wenigen Jahren sah man im westlichen Pennsylvania Großfüße, die anscheinend im Zusammenhang mit nichtkörperlichen Erscheinungen *und* UFOs standen. Im Frühjahr 1979 sahen Sam und Ruth Frew einen großen Gegenstand vom Himmel heruntertrudeln und hörten zwei Wochen später zum ersten Mal ein merkwürdiges Geräusch, das Frau Frew so beschreibt: »Das Geräusch ist weder ein Bellen, noch ein Quietschen, noch ein Kreischen, noch ein Heulen. Wir wissen nicht recht, wie wir es beschreiben sollen. Außerdem wandert es sehr schnell. Es hört sich an, als wäre es in einer Sekunde auf einem Abhang, in der nächsten Sekunde auf einem anderen Hügel. Jemand, der es gehört hat, wird es nie mehr vergessen. Man kriegt davon eine Gänsehaut.« Über die nächsten drei Jahre hinweg offenbarte sich »Mystery«, wie die Familie die seltsamen Vorgänge getauft hatte, auf vielerlei Weise: in merkwürdigen Gerüchen, dreizehigen Fußabdrücken, in anhaltenden seltsamen Geräuschen, welche die Haustiere nervös machten, sowie in geheimnisvollen Lichtern, die üble Kopfschmerzen verursachten. Am 12. August 1981 sah Sam Frew ein 3,60 Meter großes, behaartes Geschöpf im Wald, nachdem er eine mentale Botschaft empfangen hatte: »Komm wieder zur Gasleitung hinunter.« Dort sah er dann auch das Geschöpf. Am folgenden Tag fand er dort dreizehige Fußabdrücke. Im Juli 1981 hatten zwei Nachbarn einen schwarzen Panther gesehen, als sie auf einer einsamen Landstraße fuhren. Sie hielten ganz in seiner Nähe an, und weil er 10 Minuten stehenblieb, hatten sie Zeit, ihn genau zu betrachten: seinen 1,20 Meter langen Körper, den ebensolangen Schwanz, sein glänzendes Fell, den kleinen Kopf, die kleinen, spitzen Ohren und die langen Beine. Schließlich ging das Tier langsam davon und kam außer Sicht. Später im Sommer sah man die schwarze Katze immer wieder, aber auch geheimnisvolle Lichter und den Großfuß. Sam Frew hatte den Eindruck, daß das Geschöpf versucht hatte, per Telepathie mit ihm in Verbindung zu treten. Er sagte: »Sie sind intelligent. Es versucht, zu kommunizieren. Es gehört nicht in unsere Dimensionen, deshalb findet man nur ein paar Fußabdrücke und sie verschwinden wieder.«[9] Ein Forscher stellte später fest, daß Lichter, die Bäume im Obstgarten anleuchteten, von Fahrzeugen kamen, die in einer halben Meile Entfernung auf einer Straße fuhren. Obwohl die Frews dem zustimmten und meinten, damit könne man einige der Lichter erklären, hatten sie doch das Gefühl, daß andere Lichter, die sie beobachtet hatten, nicht auf diese Weise erklärt werden könnten.[10]

Der Fall Frew ist ein typisches Beispiel dafür, daß eine Verbindung zwischen UFOs und dem Auftauchen des Großfußes besteht (wobei hier noch ein anderes seltsames Tier, der schwarze Panther, auftaucht und die Dinge zusätzlich kompliziert). Es gibt zwei Arten von Fällen, die auf diese scheinbar existierende Verbindung hinweisen. Bei der ersten Kategorie werden UFO und Großfuß etwa zur gleichen Zeit in der gleichen Gegend von den gleichen Zeugen gesehen. Bei der zweiten Kategorie werden UFO und Großfuß in der gleichen Gegend über längere Zeit hinweg gesehen und gemeldet, oft mehrere Wochen oder sogar monatelang.

Die Berichte, die definitiv eine Verbindung zwischen UFOs und Großfuß herstellen würden, wenn etwa ein UFO in Form eines stabilen Fahrzeugs auf dem Boden oder bodennah gesehen würde, in dem sich ein Großfuß befände (oder wenn nicht darin, so doch draußen ganz in der Nähe), sind außerordentlich selten. Berichte, die in eine der beiden Kategorien fallen, sind ohnehin nicht gerade zahlreich. Mark Morawec hat alle einschlägigen Berichte gesammelt, die er finden konnte, und er veröffentlichte seine Daten unter dem Titel *The UFO-Anthropoid Catalogue*.[11] Er fand 15 Beispiele für unsere erste Kategorie und 48 für die zweite. Von seinen 15 Fällen von »naher Verbindung« halten wir 5 für unzuverlässig, sei es aufgrund einer zweifelhaften Quelle wie der Sensationspresse oder weil das erwähnte Geschöpf nicht genügend Merkmale des Großfußes aufweist. Wenn man die Berichte sorgfältig liest, erlauben nur ganz wenige, die genügend spezifische Details enthalten, eine klare Identifizierung des Großfußes. Was vor allem häufig fehlt, ist irgendein Hinweis auf einen behaarten Körper. Freilich kann ein verängstigter Zeuge unter schwierigen Bedingungen nicht immer feststellen, ob die riesige Gestalt, die im Gebüsch lauert, behaart ist! (s. d. den Bericht aus Presque Isle, der später kurz angeführt wird, als gutes Beispiel dafür). Wenn wir 10 von Morawecs Fällen gelten lassen, dazu zwei andere, die sich nach Abschluß seiner Arbeit ereigneten, hat man insgesamt 12 Fälle, in denen ein Großfuß und ein UFO zur selben Zeit am selben Ort gesehen wurden.

Morawec verzeichnet 48 Fälle in der zweiten Kategorie. Das ist auch keine große Zahl, obwohl die Rahmenbedingungen sogar erweitert wurden, um Fälle einschließen zu können, in denen die Verbindung Großfuß/UFO eher zweifelhaft ist. Selbst wenn wir eine noch höhere Zahl annehmen, um auch die Fälle zu berücksichtigen, von denen weder wir noch Morawec gehört haben, und insgesamt etwa 100 Fälle annehmen, bei denen eine Verbindung zwi-

schen UFO und Großfuß bestehen soll, dann sind das erst ganze 100 gegenüber 2000 aufgezeichneten Begegnungen mit dem Großfuß. In Prozenten ausgedrückt, enthalten etwa 5% aller Berichte Einzelheiten, die leise Hinweise auf eine mögliche Verbindung zwischen UFOs und Großfüßen geben, während nur bei 0,6% ein deutlicher Zusammenhang besteht.
Wie zuverlässig sind die Belege für eine Verbindung zwischen Großfuß und UFO? Einige Fälle halten der Nachprüfung besser stand als andere. Wir wollen einige typische Beispiele betrachten. Wir werden zuerst die 8 besten Fälle der ersten Kategorie vorstellen, deren Bedingung ist, daß UFOs und Großfüße zur selben Zeit in derselben Gegend von denselben Zeugen gesehen werden.
Im Sommer 1966 gab es eine UFO-Welle (viele Meldungen innerhalb kurzer Zeit) in der Gegend von Edinboro/Erie in Pennsylvania, und eine große »Person oder Sache« wurde mehrmals am Ufer des Edinboro-Sees gesehen.[12] Etwas Ähnliches fand am 31. Juli im Presque Isle Peninsula-Park nördlich von Erie statt. Vier Erwachsene und zwei Kinder waren zu einem Picknick dorthin gefahren. Ihr Auto blieb im Sand stecken, und während drei der Erwachsenen mit den Kindern auf Hilfe warteten, konnten sie einige seltsame Dinge beobachten. Kurz nach 22 Uhr sahen sie unweit von ihnen ein Licht in der Nähe des Ufers. Eine Zeugin, die 16jährige Betty Jean Klem, sah es als ein pilzförmiges Objekt mit drei Lichtern. Sie sagte: »Das Schiff war groß. Es kam zwischen den Bäumen ein Stück näher, und als es herunterkam und landete, vibrierte das Auto... Das Objekt sandte Lichtstrahlen aus. Es erhellte auf seinem Weg den ganzen Wald. Es war nicht wie ein Suchscheinwerfer. Das Licht war überall auf dem Boden, auf dem ganzen Weg. Als das Polizeiauto bei unserem steckengebliebenen Auto ankam, gingen die Lichter des UFO aus.«
Die Polizisten gingen zusammen mit Douglas J. Tibbetts,

einem Insassen des Autos, auf das UFO zu, aber sie waren kaum 270 Meter weit gekommen, als sie die Hupe des Autos hörten. Sie fanden Betty Jean Klem und Anita Haifley mit den beiden kleinen Kindern außer sich vor Schrecken. Betty Jean Klem sagte, sie hätte »ein großes, offenbar gesichtsloses Geschöpf gesehen, keinen Menschen, vielleicht ein Tier, das langsam ins Gebüsch zurückgegangen sei«. Sie sah es 1 ½–2 Minuten lang und schätzte, daß es etwa 1,80 Meter groß war und anscheinend weder Hals noch Arme hatte. Die Arme hingen vielleicht gerade an der Seite des Körpers herunter und waren deshalb in der Dunkelheit nicht zu erkennen. Das schlechte Licht, das abends um 22.30 Uhr herrscht, könnte auch schuld daran sein, daß sie das Gesicht des Geschöpfes nicht sah. Frau Haifley hatte das Geschöpf ebenfalls gesehen, und beide hatten Kratzgeräusche auf dem Autodach gehört, bevor sie es entdeckten. Die Polizei verhörte sie alle, und Dan Dasciano, der Vorgesetzte der Polizisten, sagte: »Ich bin sicher, daß die jungen Leute etwas gesehen haben. Das Mädchen war eine zuverlässige Person. Von den beiden beteiligten Erwachsenen war sie diejenige, die im einzelnen schildern konnte, was sie gesehen hatte – sie versuchte nicht, ihre Geschichte auszuschmücken, wo sie sich nicht ganz sicher war. Sie war ein Häufchen Elend, als ich sie zum ersten Mal sah. Ihre Hände zitterten, ihr Gesicht zuckte, sie sprach schlecht artikuliert und sie behielt mit Mühe die Fassung. Ihre Augen waren gerötet, und sie schüttelte unaufhörlich den Kopf.«
Am nächsten Tag kehrten zwei Polizisten zu der Stelle zurück, um sie bei Tageslicht zu untersuchen und fanden Spuren im Sand, wo das UFO angeblich gelandet war. Sie fanden auch Spuren, die möglicherweise von dem Geschöpf stammten, das die beiden Frauen gesehen hatten. Es waren Abdrücke, die von der Landestelle bis auf 60 cm an den Standort des steckengebliebenen Autos heranführten. Ihre Form war konisch. Sie waren deutlich zu sehen,

maßen etwa 23 cm im Durchmesser und waren 15 cm tief. Sie hatten auch Markierungen wie von Klauenabdrücken. Die Spuren waren versetzt, als sei ihr Urheber gegangen. Sie lagen 1,50–1,80 Meter auseinander. Später am Tage fanden die Männer ähnliche Abdrücke, die zum See führten. Außerdem fand man eine klare, flüssige Substanz, die nicht in den Sand eingesickert war, was Wasser sofort tun würde. Obwohl man keine Anzeichen für Radioaktivität fand, wurden die beiden Polizisten, die dort Indizien gesammelt hatten, neun Stunden später plötzlich krank und fühlten sich drei Stunden lang sehr schlecht. Man stellte auch fest, daß am Ort des Geschehens ein großes Stück Rinde und Holz frisch aus einer Weide herausgeschält worden war, die nahe bei dem Picknicktisch stand. Aber es gibt noch eine handfeste Bestätigung, daß an diesem Abend wirklich etwas passiert ist: man stellte fest, daß das Auto eine Delle im Dach hatte, die noch nicht darin war, als man das Auto ein paar Stunden vor den Ereignissen des Abends gewaschen hatte.[13] Haben die beiden Frauen tatsächlich ein großfußartiges Geschöpf gesehen, das in einem UFO auf der Szene erschien? Obwohl man leider das Geschöpf nicht sehr deutlich sehen konnte, ähnelte es einem Großfuß in mehrfacher Weise. Es hatte die richtige Größe, ihm fehlte der Hals, es war von dunkler Farbe, und sein Verhalten bei der Annäherung an das Auto ist ebenfalls typisch. Das Jahr 1973 war reich an Berichten über UFOs und Großfüße, aber der erstaunlichste von allen war rätselhaft kurz. Er erreichte das UFO-Kontrollzentrum von County Westmoreland in Form eines anonymen Anrufes. Der Anrufer beschrieb, daß drei Frauen, die bei Penn in Pennsylvania durch die Wälder gefahren waren, ein UFO auf dem Boden gesehen hatten. Es sei groß, metallisch und rechteckig gewesen. Sie sahen, wie sich eine Tür öffnete, eine Rampe heruntergelassen wurde und wie drei behaarte, affenartige Geschöpfe, die zwei Meter groß waren, herabturnten und im Wald verschwanden.[14] Dieser Bericht

wurde im September 1973 gegeben. Im Oktober wurden drei UFO/Großfuß-Verbindungen der Kategorie eins gesichtet. Das erste Ereignis fand zu Beginn des Monats in Galveston in Indiana statt. Ein Mann, der zum Angeln an einem See war, drehte sich um, als er ein Geräusch hörte, weil er dachte, seine Kameraden seien zurückgekommen. Auf 6 Meter Entfernung glaubte er in der Dämmerung ein affenartiges Geschöpf zu erkennen, das ihn beobachtete. Obwohl er zuerst Angst hatte, besonders, als sein Anruf nicht beantwortet wurde, ließ seine Angst dann aus irgendeinem Grunde nach und er regte sich beinahe auf, als das Geschöpf wegging. Minuten später berührte ihn etwas an der Schulter, und als er herumfuhr, sah er ein sandfarbenes Geschöpf in Sprüngen davonrasen. Es sah aus »wie ein Mann an einem Strick, der von einem Auto viel zu schnell gezogen wird«. Er rannte ihm nach und konnte seine nackten Füße platschen hören, als es eine Asphaltstraße überquerte. Es setzte über einen Graben und verschwand im Wald. Bald darauf sah der Zeuge ein glühendes, bronzefarbenes Objekt aus den Bäumen in den Himmel emporschießen. Als der Zeuge am nächsten Tag zu der Stelle zurückkehrte, fand er nichts. Aber am nächsten Abend, als er von seiner Verlobten, ihrem Vater und zwei Freunden begleitet wurde, sahen sie ein weißes Licht am Himmel und ein 2,40–2,70 Meter großes Geschöpf stand regungslos zwischen hohen Bäumen. Selbst als sie Steine nach ihm warfen, rührte es sich nicht. Sie konnten sich später nicht erinnern, ob die Steine vorbeigeflogen, abgeprallt oder mitten durch es hindurchgegangen waren. Sie mußten weggehen, weil ihr Auto jemandem im Weg war, und als sie wiederkamen, war das Geschöpf verschwunden.[15]
Später im Monat, am 21. Oktober, erwachte eine Frau in ihrem Haus in West-Cincinnati in Ohio um 2.30 Uhr morgens. Sie sah Lichter auf Bodenhöhe. In einem davon, das die Form einer 2 Meter hohen Glasglocke hatte, sah sie ein graues, affenartiges Geschöpf ohne Hals und mit einer

hundeartigen Schnauze im Gesicht. Es bewegte die Arme steif auf und ab. Während sie die Polizei rief, verschwanden die Erscheinungen.[16]

Im Dezember 1974 machte der 69jährige Bauer William Bosak eine ähnliche Erfahrung. In der Gegend von Frederic in Wisconsin fuhr er nachts durch Nebelschwaden nach Hause. Er sah ein scheibenförmiges UFO mit einer Glasfront, in der eine unheimliche Gestalt zu sehen war, die mit erhobenen Armen dastand. Sie war hell erleuchtet und sah verängstigt aus. Bosak konnte sie nur von der Taille aufwärts sehen. Sie war der Form nach menschlich, aber der Körper war von dunklem gelbbraunem Fell bedeckt, das aber Gesicht und Kinn frei ließ. Die Ohren standen etwa 7 cm gerade vom Kopf ab, während Mund und Nase flach schienen. Der Zeuge wollte lieber nicht anhalten und genauer hinsehen. Er fuhr zügig an dem Objekt vorbei, das er im Nebel bald aus den Augen verlor.[17]

Nur ein paar Tage nach der Cincinnati-Erscheinung ereignete sich eine dramatische Begegnung auf einer Farm bei Greensburg, Pennsylvania. Am 25. Oktober 1973 um 21 Uhr sahen etwa 15 Personen einen hell leuchtenden, roten Ball über einem Feld schweben. Ein Mann, nennen wir ihn Stephen, wollte genauer nachsehen. Er nahm ein Gewehr und machte sich in Begleitung von 10jährigen Zwillingsknaben auf den Weg. Sie sahen das UFO, das einen Durchmesser von etwa 30 Meter hatte, auf dem Feld landen. »Es war kuppelförmig wie eine große Luftblase. Es gab Geräusche von sich, die sich anhörten wie ein Rasenmäher.« Einer der Jungen bemerkte zwei Gestalten, die einen Zaun entlang kamen, und Stephen feuerte über ihre Köpfe hinweg, weil er dachte, sie seien Bären. Aber als sie näher kamen, erschienen sie ihm 2,0–2,40 Meter groß. Sie hatten lange, dunkelgraue Haare, lange Arme und grünlichgelbe Augen. Sie gaben winselnde Geräusche von sich, als sprächen sie miteinander. Da er Angst bekam, als die beiden Geschöpfe ständig näherkamen, schoß Stephen noch einmal über ihre Köpfe hinweg und dann direkt auf das größere der beiden. Es hob die Hand, winselte und beide Geschöpfe drehten langsam um und gingen zurück, auf den Wald zu. Das UFO war verschwunden und hatte eine hell leuchtende Zone zurückgelassen. Stephen meldete die Ereignisse sofort der Polizei, und ein berittener Polizist kam. Als er und Stephen zu dem Feld kamen, konnten sie den leuchtenden Ring sehen und hörten Geräusche wie von Schritten aus dem Wald und dazwischen das Krachen von Bäumen, die geknickt wurden. Stephen dachte, er sähe eine Gestalt und schoß darauf. Nachdem sie eine halbe Stunde an diesem Ort verbracht hatten, wurden beide Männer nervös. Stephen war sehr aufgeregt. Der Polizist beschloß, Stan Gordon und seine Kollegen von der Westmoreland County UFO-Studiengruppe zu alarmieren. Sie kamen um 1.30 Uhr morgens an. Während Stephen am Ort des Geschehens befragt wurde, fing er an, sich seltsam zu benehmen. Er knurrte, schlenkerte die Arme und brach dann zusammen. Einige der anderen Männer fühlten sich unwohl. Sie beschlossen gemeinsam, am besten dort wegzugehen.[18]

Gelegentlich werden UFO/Großfuß-Fälle aus anderen Ländern berichtet. Mark Morawec hat in seinem Katalog z. B. einige aus Australien, Spanien und Argentinien aufgezeichnet. Ein Bericht der »Kategorie eins« erschien im November 1979 in der argentinischen Presse. Es war ein unbefriedigend vager Bericht, nach dem ein Richter und ein Architekt »vor kurzem« ein »Raumschiff« gesehen hatten, »das mit einem Außerirdischen bemannt war, der wie ein behaarter Gorilla aussah«. Die Männer befanden sich auf dem Hügel Punta de Damas bei Santiago in Chile, als sie ein rundes Objekt mit leuchtend bunten Lichtern sahen. Daneben stand ein »merkwürdiges Geschöpf mit menschenähnlichen Merkmalen, dessen Kopf seltsam aussah und ohne Hals direkt auf dem Körper saß. Es war ganz mit Haaren bedeckt.« Als sie langsam darauf zu gingen,

stieg das UFO senkrecht mit hoher Geschwindigkeit in den Himmel.[19]
Der letzte uns bekannte UFO/Großfuß-Bericht kommt aus der Gegend von Rome, Ohio, wo im Sommer 1981 die Bewohner eines Landhauses große rotäugige Geschöpfe in der Nähe des Hauses und in den Wäldern sahen. Bei einer Begegnung am 25. Juni schoß jemand einem solchen Geschöpf mit einer 410er Schrotflinte genau zwischen die Augen, aber es rannte davon, bevor er einen zweiten Schuß abgeben konnte. Am folgenden Tag sah derselbe Zeuge das Geschöpf wieder und behauptet, es mit seiner Taschenlampe geschlagen zu haben. Es war an einer Winde gestanden; deshalb konnte später seine Größe festgestellt werden. Sie betrug etwa 2,90 Meter. Sein langes struppiges Fell war schwarz oder dunkelbraun. Es hatte eine große flache Nase und große Augen, die rot leuchteten. Man sah das Geschöpf noch sehr oft, aber alle Versuche, es zu erschießen oder zu vergiften, scheiterten. Die Forscher, die selbst die Geschöpfe sahen, fanden runde Fußabdrücke, die 17 cm breit und 20 cm lang waren. Sie hatten »dreizehige Verlängerungen«. Man fand auch fünfzehige Abdrücke. Während dieser Ereignisse wurde es in den Wäldern ohne ersichtlichen Grund »taghell«. Leuchtende Lichtkugeln wurden gesehen, und einmal schoß ein Zeuge, als ein Objekt über ihn weg flog. Er hörte, wie die Kugel auf etwas auftraf. Es hörte sich an, als ob sie auf Glas getroffen wäre.[20]
Die acht soeben geschilderten Fälle liefern die besten Beweise, die wir haben, um die Annahme zu stützen, daß es eine Verbindung zwischen UFOs und dem Großfuß gibt. Die übrigen Fälle, die der »Kategorie zwei« angehören, legen zwar eine Verbindung nahe, doch weil die Beobachtungen der UFOs und des Großfußes nicht direkt nebeneinander stattfanden, könnte man ihr Auftauchen in der gleichen Gegend auch als zufällig ansehen. Hier ein paar Beispiele für diesen Typus von Beobachtungen.

Am 18. Mai 1969 fiel in einer ländlichen Gegend bei Rising Sun in Indiana der Strom aus. Während der vorhergehenden Wochen hatten die Bewohner bei einem nahegelegenen Bergrücken geheimnisvolle Lichter gesehen. Am 19. Mai sah George Kaiser eine merkwürdige Gestalt im Hof seiner Farm.

Ich beobachtete es etwa zwei Minuten lang, bevor es mich bemerkte. Es stand in einer halb aufrechten Stellung. Der Rücken bog sich etwa in der Mitte nach vorne. Die Arme saßen ungefähr auf derselben Höhe wie bei einem normalen Menschen. Ich schätze, daß es etwa 1,70 Meter groß war. Es hatte einen sehr muskulösen Körperbau. Der Kopf saß direkt auf den Schultern, und das Gesicht war schwarz. Haare standen ihm vom Hinterkopf ab. Es hatte eng beieinander stehende Augen und eine sehr niedrige Stirn. Es war bis auf die Handrücken und das Gesicht von Haaren bedeckt. Die Hände sahen wir normale Hände und nicht wie Klauen aus.

Es rannte dann sehr schnell davon und hinterließ vierzehige Spuren. Am darauffolgenden Abend beobachtete ein Nachbar 8 Minuten lang einen leuchtenden, grünlich-weißen Gegenstand, der sich am Himmel über ihm bewegte.[21] In Puerto Rico gab es 1975 ein rätselhaftes Tiersterben und eine Flut von UFO-Erscheinungen. Während dieser Zeit hatte Orlando Franceschi, der Hausmeister in einem Krankenhaus, eine nächtliche Begegnung mit einem »abscheulichen Monstrum« bei seinem Haus in Ponce. Er sah aus dem Fenster und dachte, er sähe unten einen streunenden Hund. Bei genauerem Hinsehen entdeckte er, daß sein eigener Hund draußen festgebunden war. Daraufhin packte er eine Schaufel und ging hinaus. Er sah das Geschöpf ganz aus der Nähe. Es hatte lange Ohren, eine lange Nase, einen schlitzartigen Mund ohne Lippen, Augen wie

zwei schwarze Knöpfe und affenähnliche Kiefer. Es war kleiner als 1,50 Meter und schwankte beim Gehen. Franceschi schlug dreimal mit der Schaufel auf es ein. Dann fiel er wie gelähmt zu Boden. Als er wieder aufstehen konnte, war das Geschöpf durch eine Lücke im Zaun geflüchtet.[22] Leider ist dieser Bericht nicht detailliert genug, um uns ein Urteil darüber zu erlauben, ob es sich um einen Vertreter der Großfußart handelte, da Franceschi nicht gesehen hat, ob es bekleidet oder von Haaren bedeckt war. Aber da er die Kieferform eines Affen erwähnt, muß ihm das Geschöpf irgendwie affenartig vorgekommen sein.
Obwohl die Begegnungen, die in diesem Kapitel beschrieben werden, überwiegend außerhalb des traditionellen Großfußterritoriums im Nordwesten der USA stattfanden, hat man auch in dieser Gegend UFOs gesehen. Weil aus diesem Gebiet so viele Berichte über Großfüße kommen, ist es viel wahrscheinlicher, daß das Auftauchen von UFOs und Großfüßen in nahem zeitlichem und räumlichem Zusammenhang auf den Zufall zurückzuführen ist. Beispielsweise schilderte 1979/80 eine Engländerin namens Cross, die in dem kleinen Dorf Patricia Bay auf der kanadischen Vancouver-Insel lebte, wie sie und vier Nachbarn ein großes weißes Licht von Norden kommen sahen, das zehn Minuten über dem Meer schwebte und dann wieder nach Norden davonflog. Das ereignete sich an zwei aufeinanderfolgenden Abenden. Am Morgen nach dem zweiten Erscheinen des Lichts wachte ein Indianer, der in einem nahegelegenen Reservat lebte, um 5 Uhr früh auf, weil seine Hunde wütend bellten. Er sah einen riesigen Gorilla aus dem Meer kommen. Er kletterte das Ufer hinauf, zwängte sich zwischen den Bäumen hindurch und rannte dann so schnell er konnte an der Straße entlang davon.[23]
Die Tatsache, daß ein Indianer das Geschöpf sah, stellt eine auffällige Verbindung zwischen modernen UFO/Großfuß-Berichten und der indianischen Überlieferung her. Die Gabrielino-Indianer im südlichen Kalifornien

glaubten an die Existenz des Towis oder Takwis, eines behaarten riesigen Menschenfressers, der auch mit hellen Lichtblitzen und fliegenden, leuchtenden Kugeln in Verbindung gebracht wurde. Diese Legenden sind etwa 200 Jahre alt.[24] In den 80er Jahren des 19. Jahrhunderts führte ein Indianer einen Mann zu einer Höhle in Tennessee, in der ein behaartes, menschenähnliches Geschöpf lebte, dem die Indianer regelmäßig Nahrung hinstellten. Sie glaubten, daß dieses Geschöpf und andere seiner Art von »Monden« kämen, die gelegentlich im Tal landeten.[25]

Wenn wir versuchen, die Art des Zusammenhangs zwischen UFO und Großfuß zu klären, so zeigt sich deutlich, daß die Großfüße, die mit UFOs auftauchen, sich irgendwie von den Großfüßen unterscheiden, von denen wir in den anderen Kapiteln unseres Buches berichtet haben, und die offensichtlich nichts mit UFOs zu tun haben. Wie schon angedeutet, wurden nicht viele der Großfüße, die man in direkter Verbindung mit UFOs gesehen hat, so genau beobachtet und so detailliert beschrieben, daß wir ganz sicher sein könnten, daß diese Geschöpfe wirklich Großfüße waren. Allerdings haben sie zahlreiche Gemeinsamkeiten. Bemerkenswerte Unterschiede sind hingegen die dreizehigen Fußabdrücke (oder, wie auf Presque Isle, konische Spuren), die normalerweise bei Großfußbeobachtungen ohne UFO-Verbindung nicht vorkommen, und ebenso die Tatsache, daß viele der mit UFOs in Verbindung stehenden Großfüße rotglühende Augen haben. Das ist zumindest die Erfahrung Stan Gordons, die er bei seinen Untersuchungen und Experimenten in Pennsylvania gemacht hat.[26] Obwohl glühende Augen, die gelegentlich sogar rot waren, auch bei Fällen ohne UFOs berichtet wurden, taucht dieses Merkmal häufiger bei Fällen auf, die mit UFOs in Verbindung stehen.

Der auffallendste Unterschied zwischen Fällen mit UFO und solchen ohne UFO ist die geographische Verteilung. Während die allermeisten Berichte über Großfüße ohne

Verbindung zu einem UFO aus dem Nordwesten der USA und dem westlichen Kanada kommen, stammt die Mehrzahl der Berichte mit einer UFO-Beobachtung aus den mittleren und östlichen Staaten der USA. Wir führten eine vorläufige Analyse der Verteilung der Orte durch, die im Katalog von Mark Moraweč erwähnt werden, und stellten fest, daß die meisten Berichte aus Pennsylvania kamen, gefolgt von den angrenzenden Staaten Ohio und Indiana. Andere östliche oder mittlere Staaten, die erwähnt wurden, wenn auch nur mit je ein oder zwei Fällen, waren Wisconsin, Michigan, New York, Massachusetts, New Jersey, West Virginia, Florida, Illinois und Missouri. Weiter im Westen wurden ein paar Fälle in South Dakota, Montana und Colorado verzeichnet, während Kalifornien der einzige Staat an der Westküste war, aus dem mehrere Berichte kamen. Daraus wird ganz deutlich, daß der Großfuß ohne Verbindung zu einem UFO vorwiegend ein Geschöpf des Nordwestens ist (auch wenn er gelegentlich in den mittleren und östlichen Staaten der USA auftaucht), während der UFO-Großfuß eindeutig die östlichen Staaten bevorzugt. Warum das so ist, weiß man nicht, aber es könnte etwas mit dem Nachrichtenwesen im Osten zu tun haben oder einfach mit der Tatsache, daß diejenigen, die vor allem an den unheimlichen Fällen interessiert sind und sie untersuchen, in den mittleren und östlichen Staaten leben. Unser nächstes und letztes Kapitel, in dem die Theorien erörtert werden, die zur Erklärung der behaarten Tier-Menschen in aller Welt vorgebracht wurden, kann darauf vielleicht einige Antworten geben.

6
Erklärungsvorschläge

Gibt es wirklich Tier-Menschen? Leute, die nur beiläufig vom Yeti oder Großfuß gehört haben, zweifeln automatisch an ihrer Existenz, denn sie wurden in dem Glauben erzogen, der Mensch habe die Zügel unseres Planeten fest in seinen Händen und wisse praktisch alles über ihn, was es zu wissen gibt. Das ist nicht der Fall. Die Hinweise auf die Existenz von Tier-Menschen, die wir in diesem Buch diskutiert haben, sind nur ein kleiner Teil der vorhandenen Gegenbeweise. Der Zweifler wird einwenden, daß Irrtümer und Fälschungen für die Berichte verantwortlich sind. Aber das ist in Anbetracht all der Beobachtungen aus nächster Nähe sowie der deutlichen Fußabdrücke sehr unwahrscheinlich. Fälscher beeinträchtigen tatsächlich ab und zu das Bild, und zwar vornehmlich mit Hilfe von gefälschten Fußabdrücken, aber sie sind für das Gesamtbild weitgehend unbedeutend, selbst wenn sie gelegentlich von den Medien mit viel Aufmerksamkeit bedacht wurden. 1982 behauptete der damals 86jährige Rant Mullens aus Toledo im Staate Washington, daß er mit Hilfe eines falschen Fußes ein halbes Jahrhundert lang Fußabdrücke gefälscht habe. Den Fuß habe er aus Holz geschnitzt. Er wollte auch für die Ape Canyon Affaire im Jahre 1924 verantwortlich sein. Damals hatte eine Gruppe von Bergarbeitern berichtet, daß ihre Hütte mit Felsbrocken bombardiert worden sei, die riesige, behaarte Geschöpfe geworfen hätten. Mullens Version lautete so:

Mein Onkel, George Ross, und ich waren 1924 zum Angeln in dem Gebiet (das jetzt als Ape Canyon bekannt ist). Als wir zum Canyon marschierten, hörten wir unten in der Schlucht einige Bergleute miteinander reden. Sie hatten aus langen Stangen eine Leiter gezimmert, um die steilen Wände hinunterzukommen. George spielte den Leuten gerne Streiche, und so rollten wir zusammen einige Felsbrocken über den Rand hinunter. Dann machten wir uns schleunigst aus dem Staub. Als wir hörten, daß die Bergleute Geschichten über haarige Affen erzählten, lachten wir uns ins Fäustchen. Wir verrieten niemals jemandem die wahre Geschichte.[1]

Diese Version stimmt nicht mit der Geschichte überein, die Fred Beck, einer der Bergleute, erzählte. Er sagte, sie hätten die Tier-Menschen gesehen und auf sie geschossen. Ihre Hütte sei von ihnen bombardiert worden. Natürlich läßt sich nicht eindeutig feststellen, ob Beck und Mullens über den gleichen Vorfall sprachen.

Wir haben schon betont, wie schwierig es ist, natürlich wirkende Fußabdrücke zu fälschen, die einen Experten täuschen können (vgl. Kap. 4). 1978 oder 1979 fand man in der Nähe des White River in Stone County in Arkansas ein Paar Stiefel. An ihren Sohlen waren Stücke von Autoreifen befestigt, die jemand in der Form großer Füße zugeschnitten hatte.[2] Obwohl Abdrücke, die auf diese Weise gemacht werden, einige Leute täuschen können, würde eine genauere Untersuchung von jemand, der mit Großfußspuren Erfahrung hat, schnell die Fälschung entlarven. Die Tiefe der Eindrücke im Boden ist nur *ein* Hilfsmittel. Nachdem Scott und Neal Brown am 1. Dezember 1982 große Fußabdrücke in der Nähe eines Hauses im Kreis Skamania im Staate Washington gefunden hatten, schnitzten sie einen Holzfuß und stellten sich beide darauf. Zusammen hatten sie ein Gewicht von 183 kg. Der Fuß drückte sich 12 mm in den Boden ein, während die echten Abdrücke 35 mm tief waren.[3]

Fälschungen sind eindeutig nicht die Erklärung des Geheimnisses der Tier-Menschen. Aber, werden Skeptiker sagen, wenn es den Großfuß tatsächlich gibt, wo sind dann

Kadaver und Skelette? Warum wurde bei all diesen Begegnungen von bewaffneten Menschen mit Großfüßen niemals ein Großfuß getötet? Wie wir bereits festgestellt haben, hatten die verwendeten Waffen vielleicht einfach ein zu kleines Kaliber. Aber im Laufe der Jahre sind eine Reihe von Berichten aufgetaucht, denen zufolge Tier-Menschen getötet oder gefangen wurden. Leider gibt es, abgesehen von »Bozo«, keine Überreste, die diese Behauptungen beweisen könnten, und auch er ist ein unsicherer Kandidat. Die beiden folgenden Berichte verdeutlichen die Probleme.

Im Dezember 1967 waren zwei Studenten auf Jagd im Teton Forest in Wyoming und töteten ein Tier, das sie zuerst für einen Bären hielten. Als sie den Körper genauer betrachteten, stellten sie fest, daß er dem eines Menschen ähnelte. Er war etwa 2 Meter groß und von dunkelbraunen Haaren bedeckt, die nur die Handflächen und die Fußsohlen freiließen. Seine Eckzähne waren länger als die übrigen Zähne. (Manche Augenzeugen berichten von Fangzähnen beim Großfuß.) Sie überlegten, was sie da wohl getötet haben mochten, und dachten, das Tier könne jemandem gehört haben. Daher beschlossen sie, den Kadaver liegen zu lassen und niemandem etwas von der Sache zu verraten.[4]

Im August 1969 hörten einige Leute, die bei Auburn in Washington wild zelteten, nachts beunruhigende Geräusche aus dem Busch. Sie waren jedoch zu ängstlich, um sich im Dunkeln aus dem Zelt zu wagen. Am nächsten Morgen fanden sie eine Bärenfalle, in der ein 50 cm langer Fuß steckte, der dicht behaart war. Riesige Fußabdrücke führten von der Falle weg. Anstelle des einen Fußes fanden sie große Blutflecken. Sie ließen den Fuß in der Falle zurück.[5]

Wenn diese Berichte wahr sind, wußten die Zeugen in beiden Fällen nichts vom Großfuß, sonst hätten sie bestimmt erkannt, wie ungemein wichtig das war, was sie gesehen hatten. Daß die Beteiligten in beiden Fällen ihre

seltsamen Funde einfach verschweigen wollten, grenzt ans Unglaubliche. Vielleicht sind beide Berichte erfunden.
Im Grunde ist es nicht weiter verwunderlich, daß niemand je auf die Überreste eines Großfußes gestoßen ist, der eines natürlichen oder auch eines unnatürlichen Todes gestorben ist. Es ist sogar möglich, daß sie ihre Toten verstekken oder begraben, aber wahrscheinlicher ist es, daß die Natur ihre Überreste beseitigt. Abgesehen vom Großfuß findet man auch sonst selten Knochen von anderen wilden Tieren.
Bisher waren die Leute, die sich um die öffentliche und wissenschaftliche Anerkennung der Existenz des Großfußes oder anderer Tier-Menschen bemüht haben, nicht sonderlich erfolgreich. Ohne solide materielle Beweise, wie Fleisch und Knochen anstelle von Fußabdrücken und Fotos, waren die Wissenschaftler bisher nicht gewillt, ihre Reputation als Fachleute durch die Jagd nach Phantomen aufs Spiel zu setzen. Sie wissen, wenn vielleicht auch nur unbewußt, welche Einstellung solchen Phänomenen gegenüber verbreitet ist, und zwar besonders bei denen, die keinerlei Faktenwissen haben. Das Unbekannte löst Angst aus, und Angst führt zu der Abwehrhaltung des ahnungslosen Spotts. Die Folge ist, daß die Zeugen, insbesondere Kinder, verhöhnt werden. Die 13jährige Tina Barone, die vielleicht einen Großfuß berührt hat, wurde von ihren Schulkameraden ausgelacht: »Sie sagen, ich sei dumm und ich hätte gar nichts gesehen.«[6] Trotz dieser Probleme haben einige Wissenschaftler aktiv und mutig an der Erforschung des Großfußes mitgearbeitet, wie z. B. Professor Grover Krantz, dessen Ergebnisse zu Fußabdrücken wir im vierten Kapitel dargestellt haben. In den 80er Jahren hat die Gemeinde der Wissenschaftler in steigendem Maße den Gedanken akzeptiert, daß es noch Unbekanntes in den Wäldern gibt, das erforscht werden muß. Professor Krantz hat wiederholt betont, daß die Wissenschaftler Fleisch oder Knochen als handfeste Beweise für die Existenz des Groß-

fußes brauchen. »Ich sage Ihnen klipp und klar, daß ich darauf aus bin, die Existenz des Sasquatch zu beweisen. Die einzige Möglichkeit, das zu tun, besteht darin, daß ich ein Stück seines Körpers beschaffe.« Er selbst nimmt eine »Sasquatch-Kanone« mit auf die Suche, ein Jagdgewehr im Kaliber 458 Magnum, mit dem man einen ausgewachsenen Grizzlybären töten kann. Ein Jäger, dem es gelingt, einen Großfuß zu töten, der aber nicht den ganzen Kadaver mit nach Hause nehmen kann, sollte ein Stück abschneiden, das er gerade noch tragen kann. z. B. den Kopf oder den Unterkiefer, sowie eine Hand oder einen Fuß. Unbedingt sollte er den vierten Zahn des Oberkiefers mitnehmen, weil dieser Zahn dem Anthropologen darüber Aufschluß geben kann, was da getötet wurde, sagt Krantz.[7]

Über Jäger, die als erste einen Großfuß zu erlegen und sich damit wohl auch Ruhm und ein Vermögen verdienen wollen, wird oft in den Medien berichtet, wenn sie sich auf die nächste Expedition vorbereiten, aber danach wird es meist still um sie. In einem Pressebericht vom Mai 1981 behauptete C. Thomas Biscardi, im April einen Großfuß gesehen und fotografiert zu haben, als er am Mount Lassen in Nordkalifornien auf einer Bergtour war. Er wollte einen Großfuß lebendig fangen. Dazu wollte er eine Gasbombe aus einem Hubschrauber abwerfen, die ihn betäuben sollte. Das sollte in den Superstition Mountains in Arizona stattfinden, aber bis jetzt kam keine Erfolgsmeldung.[8] 1982 wollte Ernest Sproles, der Gründer der »Sportler für Christus« e. V., einen Großfuß erlegen, um die Wissenschaftler davon zu überzeugen, daß es den Großfuß gibt. Für das »Christliche Großfußprojekt« rechnete er mit Kosten von 100 000 Dollar. Er wollte eine 458er Winchester mitnehmen, die auch auf Großwildjagden in Afrika benützt wird. Als man ihn darauf aufmerksam machte, daß er wahrscheinlich eingesperrt werden würde, wenn er in Kalifornien ein Tier erlegte, das nicht zur Jagd freigegeben ist, meinte er: »Wenn Gott nicht die Fischerei- und Jagdbehörde umstimmt, muß ich eben einen Großfuß in einem anderen Staat töten.«[9] Solche Expeditionen finden höchstwahrscheinlich nur im Kopf des »Jägers« statt. Wahrscheinlich ist es der Mangel an Geld, der seriöse Expeditionen mit einem Kostenaufwand von 100 000 Dollar verhindert, bei denen ernstzunehmende Versuche gemacht würden, einen Großfußkadaver zu erbeuten.

Viele Menschen sind der Meinung, daß man einen Großfuß nicht einfach erschießen dürfe. Einige Zeugen, die das Gewehr schon im Anschlag hatten, brachten es nicht fertig, abzudrücken, weil das Geschöpf irgendwie menschlich aussah. Wir wissen noch nicht, ob wir das Geschöpf als Mensch oder Tier betrachten sollen. Paradoxerweise werden wir das wohl erst herausfinden, wenn die Wissenschaftler einen Kadaver untersuchen können. Wenn sich herausstellt, daß das Geschöpf ein Mensch ist, hätte man einen Mord begangen, doch einige Forscher sind zweifellos der Ansicht, die Tötung sei im Hinblick auf den Zuwachs an wissenschaftlicher Erkenntnis gerechtfertigt. Dimitri Bayanow vom Moskauer Darwin-Museum ist der Meinung, daß die Wissenschaftler zum Großfuß gehen sollten, statt den Großfuß zu den Wissenschaftlern zu holen. Er meint damit, daß sie Tier-Menschen in ihrer natürlichen Umgebung erforschen sollten, so wie Jane Goodall und George Schaller höhere Primaten in der Wildnis studiert haben. Jane Goodall schloß sich Bayanows Ansicht in einem Brief an ihn an und sagte abschließend: »Ein Geschöpf zu erschießen, einfach nur, um herauszubekommen, was es ist – das ist höchst unmoralisch. Ethisch ist es nicht zu vertreten. Das wäre ein Kennzeichen eines schlechten Forschers.«[10] Aber eine Feldstudie des Großfußes würde viele Probleme aufwerfen, selbst wenn sie finanziert werden könnte. Eines der größten Probleme dabei ist, daß der Großfuß ein scheuer Einzelgänger ist. Bevor die Forschung überhaupt beginnen könnte, müßten die Wissenschaftler einen Weg finden, den Großfuß aus seinen Verstekken zu locken und mit ihm Freundschaft zu schließen.

Lebende Relikte der Vorgeschichte?

Angesichts des Mangels an handfestem Beweismaterial, das man analysieren könnte, um festzustellen, was der Großfuß tatsächlich ist, gibt es eine Flut von Theorien. Es ist wahrscheinlich, daß man mehr als eine Erklärung brauchen wird, um den Abweichungen in den Berichten aus aller Welt gerecht zu werden. Die verbreitetste Annahme ist, daß Tier-Menschen vorgeschichtliche Menschen sind, die bis heute überlebt haben. Das könnte eine angemessene Erklärung für einige Fälle sein. Wir haben schon vom Neandertaler in der UdSSR (Kapitel 2) und vom Australopithecus in Afrika (Kapitel 3) gesprochen. Vieles deutet darauf hin, daß die meisten anderen Tier-Menschen, die in abgelegenen Winkeln der Erde leben, ebenfalls letzte Vertreter vorgeschichtlicher Hominiden sind. Im Kampf um die Vorherrschaft, den die verschiedenen Arten von Menschen untereinander ausgetragen haben, sind die Unterlegenen vielleicht nicht gänzlich ausgerottet worden oder ausgestorben, sondern sie haben sich möglicherweise in unwegsame Gebiete zurückgezogen, wo sie bis zum heutigen Tage ungestört leben konnten. Mit dem stetig weiteren Vordringen des Menschen in ihr Territorium wächst die Zahl der Begegnungen – und der Bestand der Geschöpfe ist bedroht. Der russische Forscher Professor Boris Porschnew und der französische Forscher Dr. Bernard Heuvelmans haben als erste die Theorie vertreten, daß der Neandertaler in der UdSSR überlebt hat.[11] Die Theorie wurde neuerdings von Myra Shackley in ihrem Buch *Wildmen* unterstützt.

Die Identität aller Arten von Tier-Menschen bestimmen zu wollen, wäre ein komplexes und gewagtes Unternehmen. Ivan Sanderson kam zu dem Schluß, daß sich die Arten je nach dem Vegetationstyp ihres Lebensraumes unterscheiden, und er teilte die Tier-Menschen in vier Hauptkategorien ein. Er beginnt mit denen, die dem Menschen am nächsten stehen, und schließt mit denen, die am weitesten vom Menschen entfernt sind: 1. *Sub-Humane* (Osteurasien und Orient) z. B. Geschöpfe in Malaya und Yunnan, sowie Ksy-Giiks und Almas, die möglicherweise beide Neandertaler sind. 2. *Proto-Pygmäen* (Orient, Afrika, eventuell zentrales und nordwestliches Südamerika) z. B. Dwendis, Shiru, Sedapas, Sehiten, Agogwes, Tel-Imas. 3. *Neo-Giganten* (Indochina, Osteurasien, Nord- und Südamerika) z. B. Dzu-Teh, Sasquatch/Großfuß, Mapinguary und Didi. 4. *Sub-Hominiden* (südliches Mitteleurasien einschließlich Himalaja) z. B. Meh-Teh.[12] Sanderson erwähnt den australischen Tier-Menschen nicht, weil er wahrscheinlich nichts von ihm wußte, als er vor über 20 Jahren an seinem Buch *Abominable Snowmen: Legend Come to Life* arbeitete. Seine beiden ersten Kategorien umfassen wahrscheinlich Reste von Hominiden-Arten, seine Neo-Giganten könnten zur Art des Gigantopithecus' gehören und seine Sub-Hominiden könnten eine »frühe Seitenlinie der Pongiden (Affen) sein«.[13]

Gigantopithecus

Sandersons Idee, daß der Großfuß und ähnliche Geschöpfe Formen des Gigantopithecus sein könnten, hat bei anderen Forschern Anklang gefunden. (Sanderson war vermutlich nicht der erste, der auf diesen Gedanken kam, aber wir wissen nicht genau, wer es war.) Sanderson nennt den Gigantopithecus »ein riesiges Etwas«, was den Mangel an wirklichen Informationen über dieses Geschöpf, das vor etwa 500 000 Jahren in Südchina gelebt hat, elegant zum Ausdruck bringt. Es herrscht nicht einmal Einigkeit darüber, ob er ein Affe oder ein Mensch war! Sanderson untersuchte einen Zahn und kam zu dem Schluß, daß er ein Hominide war. Dr. Bernard Heuvelmans wollte sich in seinem Buch *On the Track of Unknown Animals* nicht festlegen und entschied sich für »Riesenaffenmenschen«.[14] Grover Krantz rechtfertigt seine Anweisungen an Jäger, einen Großfuß zu töten, mit der Behauptung, daß er ein Tier und nicht einmal halb menschlich sei. Er akzeptiert auch, daß der Großfuß möglicherweise ein Gigantopithecus ist. Er geht anscheinend davon aus, daß der Gigantopithecus kein Mensch ist.[15]

Der Gigantopithecus ist erst seit 1937 bekannt. Damals entdeckte Dr. von Koenigswald zwischen fossilen Knochen und Zähnen einen riesigen Zahn in der Apotheke eines Chinesen in Hongkong.[16] Inzwischen sind insgesamt vier Unterkiefer und über 1000 Zähne ans Licht gekommen. Der chinesische Anthropologieprofessor Wu Rukang erstellte eine Studie auf der Grundlage vergleichender Anatomie. Auf diese Weise wollte er herausfinden, wie der Gigantopithecus ausgesehen haben könnte. Das Ergebnis kommt den Berichten über die »wilden Menschen« in China überraschend nahe. Professor Wu sagte auch, der Gigantopithecus sei ein Allesfresser gewesen und sei vermutlich auf zwei Beinen gegangen. Die Klassifikation sei schwierig, denn er sei Mensch und doch nicht Mensch, Affe und doch nicht Affe gewesen: »Es ist eher angemessen, den Gigantopithecus als Vorläufer des Menschen zu klassifizieren und nicht als richtigen Menschen«, schloß Professor Wu.[17] Diejenigen, die einigen Großfußforschern vorwerfen, sie seien Romantiker, die im Großfuß das fehlende Glied zwischen Affen und Menschen sähen, sollten mit ihrem Urteil zurückhaltender sein. Weil wir keine einleuchtendere Theorie haben, werden wir vorläufig den Großfuß als Gigantopithecus einstufen und die Entwicklung der Forschung über den Gigantopithecus von vor 500 000 Jahren und den Großfuß von heute abwarten. Es ist anzunehmen, daß der Gigantopithecus seinen Ursprung in China hatte und sich auf dem Weg über Landbrücken allmählich über die Welt verteilte, wobei er sich in den ausgedehnten Wäldern von Nord- und Südamerika und wahrscheinlich auch in Australien niederließ. Dort hätte er auch weiterhin glücklich gelebt, aber im 20. Jahrhundert verleitet Geldgier die Menschen dazu, den Waldbestand sehr schnell abzuholzen. Allmählich wird es für den Gigantopithecus immer schwieriger, eine nachwuchsfähige Population zu erhalten. Wahrscheinlich wird er jetzt doch bald aussterben.

Dr. John Napier nannte *vier* Kandidaten, die »für den Großfuß als Ahnen« in Frage kommen.[18] Neben dem Gigantopithecus und dem Neandertaler führte er zwei weitere, weniger bekannte Arten an: den Paranthropus robustus und den Javamenschen. Der Paranthropus lebte 3–5 Millionen Jahre lang in Afrika und scheint, wenn auch mühsam, aufrecht gegangen zu sein und sich von Pflanzen ernährt zu haben. Wie der Gigantopithecus war er wahrscheinlich weder Affe noch Mensch, aber Dr. Napier behauptet, er sei »ohne Frage menschenähnlicher als der *Gigantopithecus*« gewesen.[19] Der Javamensch war viel weiter entwickelt, wahrscheinlich zu weit, um als Großfuß erhalten geblieben zu sein, denn er konnte Feuer machen, er jagte und er stellte Werkzeuge her. Dr. Napier räumte ein, daß der Neandertaler für Almasberichte zuständig sein könnte, und neigte dazu, entweder den Gigantopithecus oder den Paranthropus zur Identifizierung des Großfußes heranzuziehen. Aber es wurde deutlich, daß er bei all seiner Sachkenntnis nur ungern eine definitive Aussage zu diesem Thema machen wollte. In *Bigfoot* schloß er sein Kapitel über fossiles Belegmaterial wie folgt:

> Der *Gigantopithecus* wird im allgemeinen als Affenartiger angesehen, während zumindest einige Autoritäten den *Paranthropus* für eine Menschenart halten. Es wäre eine einfache Lösung, den affenartigen *Gigantopithecus* im Himalaja anzusiedeln und den mehr menschenähnlichen *Paranthropus* in Nordamerika, aber das wäre natürlich völlig unwissenschaftlich.

Dr. John Napier

Obwohl der Gedanke, daß Neandertaler und Gigantopithecus überlebt haben könnten, schon vor vielen Jahren aufgetaucht ist, haben ihn außer dem innersten Kreis der Erforscher der Tier-Menschen wenige Leute ernst genommen. Auf den ersten Blick erscheint es ganz und gar unmöglich, daß Überlebende der vorgeschichtlichen Zeit unsere Erde mit uns teilen könnten, ohne daß wir etwas davon wissen. Aber das ist eher die Einstellung des egozentrischen als die eines realistischen Menschen. Wir bewohnen nur einen kleinen Teil der Erdoberfläche. Der größere Rest blieb von uns verschont und ist unbekannt. Ivan Sanderson wies darauf hin, daß 1960 völlig unerwartet eine große Herde Waldbüffel (Verwandte des Bison) in den nordwestlichen Gebieten Kanadas entdeckt wurde und daß 1938 der Kouprey, das zweitgrößte Mitglied der Gattung der Rinder, in Indochina auftauchte. Bis dahin hatte man nichts von ihm gewußt, aber jetzt ist er dort weit verbreitet.[20] Es ist sehr gut möglich, daß überlebende Kreaturen der Vorgeschichte in vielen Seen der Erde noch auf ihre Entdeckung warten, von den Ozeanen ganz zu schweigen. Wissenschaftler haben sich kürzlich im tiefsten Afrika auf die Jagd nach Dinosauriern gemacht, und es besteht sogar die Möglichkeit, daß eine bisher unbekannte Art von Großkatzen seit der letzten Eiszeit unentdeckt in Großbritannien gelebt hat. Man hat in ganz England, Schottland und Wales regelmäßig große Katzen gesehen und gemeldet, und eine kürzlich durchgeführte Feldstudie des Naturforschers Di Francis hat ziemlich überzeugende Hinweise geliefert, daß unsere Insel die Heimat einer einzigartigen Katze ist.[21] Die erhöhte Anzahl der Begegnungen während der letzten Jahrzehnte ist wiederum auf die Einengung des Lebensraumes dieser Geschöpfe zurückzuführen. Ohne diesen Druck könnten sie alle leicht leben, ohne vom Menschen entdeckt zu werden. Daß das möglich ist, bestätigt der Anthropologe Professor Charles A. Reed:

Ich bin niemals einem Großfuß begegnet und habe noch nicht einmal eine Spur gesehen (lediglich einen Abdruck), obwohl ich zu Fuß und zu Pferd viel in dem Gebiet umhergestreift bin, aus dem sie gemeldet werden. Aber als ich als junger Mann in den Oregon Cascades unterwegs war, hatte ich noch nie etwas von einem Großfuß gehört und habe daher auch nicht nach einem Ausschau gehalten. Ich hatte aber von Wölfen (die damals noch in Westoregon anzutreffen waren) und von Pumas gehört, sah aber auch diese Tiere niemals. Daher war es nicht so bemerkenswert, daß ich keinen Großfuß sah. Ich wurde auf einer Farm in Hood Valley groß, gerade im Norden von Mt. Hood und nur 20 Meilen westlich von The Dalles. Von dort kamen erst vor ein paar Jahren Meldungen, man habe Großfüße gesehen. Aber ich ging oder ritt (später fuhr ich) durch weite Teile dieses Hinterlandes und sah nur einmal einen Bären, obwohl sie sich keine Mühe gaben, sich zu verstecken. Vor diesem Hintergrund kann ich verstehen, daß selbst ein großes Tier, wenn es vorsichtig und intelligent ist, in diesen Wäldern verschwinden könnte, vor allem, wenn die Populationsdichte gering ist.[22]

Erklärungen für den Pseudo-Großfuß

Niemand hat bisher behauptet, der Gigantopithecus hätte die Fähigkeit, zu verschwinden; wie erklären wir also die unheimlichen Berichte, die wir in Kapitel 5 skizziert haben und auch die Berichte, die UFOs ins Spiel bringen?
Obwohl diese Berichte selten sind, wenn man sie mit der Anzahl der »konventionellen« Berichte vergleicht, und wenn sie auch gelegentlich durch sensationslüsterne Berichte aufgebauscht werden, scheint dennoch ein reales Phänomen vorhanden zu sein, das diese »Pseudo-Großfuß«-Berichte motiviert und das erklärt werden muß. Hier

bewegen wir uns auf unsicherem Boden. Er ist noch unsicherer als der Versuch, Tier-Menschen als Überlebende der Vorgeschichte einzustufen. Alle unsere Versuche, den Pseudo-Großfuß zu erklären, sollten daher als durch und durch spekulativ betrachtet werden.[23]

Daß die UFOs, die zusammen mit Pseudo-Großfüßen auftauchen, im allgemeinen eher die Form von Lichtern als die von materiellen Fahrzeugen haben, könnte ein Hinweis auf den Prozeß sein, der dabei abläuft. Licht bedeutet Energie, und sowohl UFOs als auch Pseudo-Großfüße sind möglicherweise nichts anderes als Ausdrucksformen von Energie. Die Energie könnte aus mehreren Quellen stammen. R. Martin Wolf wies auf die Häufung von Großfußbegegnungen, UFO-Erscheinungen, Tierverstümmelungen und paranormalen Phänomenen in der Nähe von »Mikrowellentürmen, Hochspannungsleitungen, Kernkraftwerken, Wasserkraftwerken, Gewässern, Raketenbasen, Eisenbahnschienen und sogar Wohnwagen« hin. Er machte darauf aufmerksam, daß »sie alle... vom Transport elektromagnetischer Energie betroffen sind«.[24] Einige UFO-Forscher haben in letzter Zeit versucht, UFOs als »Erdlichter« oder elektromagnetische Manifestationen zu erklären, die unsere Erde infolge von hohem Druck tief im Erdinnern ausstrahlt.[25] Dr. Michael A. Persinger ist der Meinung, daß die »komplexen Bilder«, die UFO-Zeugen nahe am Ursprungsort der paranormalen Phänomene gelegentlich wahrnehmen, z. B. richtige Fahrzeuge und UFO-Körper, das Ergebnis »direkter Einwirkung dieser elektromagnetischen Felder auf das menschliche Gehirn« sein könnten.[26] Wir können diesen Gedanken dahingehend fortführen, daß manche Leute wohl eher einen Großfuß als UFO-Körper ansehen.

Der Schriftsteller John A. Keel, der sich mit UFOs befaßt, deutete die Möglichkeit an, daß UFO-Erscheinungen sich gelegentlich mit Hilfe von Energie materialisieren, die sie den Zeugen entziehen. Er nannte diesen Prozeß »kinetischen Vampirismus«.²⁷ Auch Pseudo-Großfüße könnten einen solchen Prozeß benützen. Sie könnten normalerweise in einer anderen Dimension existieren und daher für uns unsichtbar sein. Vielleicht können sie nur dann in unserer Welt auftauchen, wenn sie an irgendeiner verfügbaren Energiequelle »tanken« können. Das kann menschliche Energie sein oder eine der Quellen, die R. Martin Wolf aufgelistet hat. Vielleicht sind die Materialisierungen unfreiwillig – warum sollten sie sich uns zeigen wollen oder müssen? Natürlich hätte kein Ding und kein Geschöpf, das man aufgrund des von Persinger beschriebenen Prozesses sieht, eine äußere, sondern nur eine mentale Wirklichkeit. Wenn einige dieser Spekulationen zu weit hergeholt erscheinen, so möchten wir betonen, daß sie rein theoretischer Natur sind und daß es für keine von ihnen irgendwelche experimentellen Beweise gibt. Andererseits *werden* Pseudo-Großfüße gesehen, und manchmal auch in Verbindung mit seltsamen Lichtern. Zwei Beispiele für eine UFO/Großfuß-Verbindung, die von zuverlässigen Zeugen berichtet wurden, sollen die Phänomene im einzelnen veranschaulichen.

Im Juli 1975 zeltete Peter Gutilla in der Nähe von Bluff Creek (wo Roger Patterson einen Großfuß gefilmt hat) in Nordwest-Kalifornien, nachdem er Berichte über orangefarbene und rote Lichtkugeln sowie helle Lichtblitze in diesem Gebiet gehört hatte. Er hatte Seismoskope bei sich und hoffte, auf diesem Wege auf die Anwesenheit schwergewichtiger nächtlicher Besucher aufmerksam gemacht zu werden. Etwa um 3 Uhr in der zweiten Nacht weckten ihn Summtöne, Piepser und Lichtsignale, mit denen seine Ausrüstung »etwas« anzeigte. Außerhalb des Zeltes konnte er nichts entdecken, aber er spürte eine »Anwesenheit« in westlicher Richtung. Dort erhob sich ein kleiner Funke von orangefarbenem und gelbem Licht plötzlich aus den Bäumen. Er kam auf ihn zu und blieb über ihm stehen, bevor er steil aufstieg und verschwand. Im Morgengrauen fand er

mehrere 43 cm lange Fußabdrücke in der Nähe, gab aber nicht an, ob sie noch frisch aussahen.[28]
Auf der anderen Seite des Kontinents, in New York State, hat Bruce G. Hallenbeck mehrere Jahre lang die Aktivitäten des sogenannten »Kinderhook-Geschöpfes« verfolgt. Es hat Spuren in Form von Fußabdrücken, geköpften Kaninchen und »tiefgekühlten« Kaninchen hinterlassen, d. h. Kaninchen, die es in eine Schneewehe gestopft hat, als wolle es sie für den Winter aufbewahren. Am Abend des 5. Mai 1982 fuhr Hallenbeck in den Wald hinaus und hoffte, die Geschöpfe zu sehen oder zumindest zu hören, wie schon bei früheren Gelegenheiten. Er blieb eine Zeitlang im Auto sitzen und dann, als er gerade ans Heimfahren dachte, hörte er ein seltsames Geräusch, das ihm höchstens 30 Meter entfernt schien.

Das Geräusch ist schwer zu beschreiben aber unverwechselbar. Einmal weiß man, daß »es« in der Gegend ist, weil alles andere still wird. Die Grille hört auf zu zirpen, die Nachtvögel hören auf zu rufen.
Das Geräusch war eine Art Mischung aus der Sorte von Quieken, das ein Schwein von sich gibt, wenn es geschlachtet wird, und dem Kreischen eines Affen oder Menschenaffen, wenn er zu sprechen versucht. Eine wenig wahrscheinliche Mischung, aber das ist die relativ beste Beschreibung, die mir einfällt. Es hörte sich an, als würden sich zwei miteinander unterhalten.
Jetzt war meine Chance endlich gekommen. Mein Kopf wollte wissen, was das war, aber meine Beine verweigerten mir den Dienst. Ich war wie gelähmt. Als ich schließlich genug Mut gefaßt hatte, um aus dem Auto auszusteigen und über die Straße an den Rand des Feldes zu gehen, hörten die Geräusche auf. Aber dann kam der *wirklich* unheimliche Teil. Unmittelbar, nachdem die Geräusche aufgehört hatten, erschien ein rundes weißes Licht über dem Feld, schwebte in den Himmel

hinauf und verschwand vor meinen Augen. Ich schwöre auf einen Stoß Bibeln, daß das wahr ist.

Er fügte hinzu, er glaube, daß sich unter dem dichten Buschwerk, einer Lieblingsstelle des Geschöpfes, Crushing's Hill, ein indianischer Erdhügel befinde, denn er habe in diesem Gebiet schon uralte Steinzäune und aufrecht stehende Steine gefunden. Er meinte, das Geschöpf stünde vielleicht irgendwie mit dem Erdhügel in Verbindung.[29] Das ist im Zusammenhang mit dem UFO (einem Erdlicht?), das er gesehen hat, keine ganz abwegige Idee. Auch Paul Devereux stellte eine Verbindung zwischen Erdlichtern und prähistorischen Stätten in Großbritannien her.[30] Die Urmenschen könnten die Hauptenergiequellen der Erde mit Steinen oder Erdhügeln gekennzeichnet haben, aus Gründen, von denen wir noch nichts wissen.

* * * *

In dem großen Puzzlespiel um das Geheimnis des Großfußes fehlen noch immer die Steinchen, die uns gestatten, das Geschöpf eindeutig als Neandertaler, Gigantopithecus oder was auch immer zu identifizieren. Ebenso fehlen die Versatzstücke, die uns erlauben würden, die Verbindung zwischen UFO, Großfuß und Energiequellen eindeutig zu erkennen, aber es gibt jede Menge Hinweise für alle, die weiter nach den fehlenden Stücken suchen wollen. Wenn beide Puzzles sie nicht locken können, gibt es noch weitere Theorien, die alle mehr Fragen aufwerfen als Antworten geben. Wir glauben, daß wir getrost die Theorie verwerfen können, daß Großfüße Versuchstiere seien, die Außerirdische aus UFOs abwerfen oder daß die Tier-Menschen selber Außerirdische seien und die UFOs steuern würden. Eher der Beachtung wert ist D. Scott Rogos Meinung, »daß sie psychische Projektionen sind, genau wie UFOs, Wunder und Poltergeister. Etwas in uns projiziert sich nach außen, nimmt eine körperliche Form und eine Spur Intelli-

genz an und verschwindet dann ebenso wie die Kraft, aus der es geboren wurde, sich auflöst.«[31] Daraus ergibt sich unter anderem die Frage, wie diese Projektionen zustande kommen und warum. Vielleicht tauchen sie auf, weil das Bild des Großfußes »in der Luft liegt«. Wenn irgendwelche Phänomene, seien es UFOs, Geistertiere oder was auch immer, die Aufmerksamkeit der Medien auf sich ziehen, könnte das zur Folge haben, daß die Leute ihre eigenen Wahrnehmungen selbst produzieren, allerdings unbewußt, denn die Vision erscheint ihnen sehr wirklich. Oder das Phänomen könnte sich aus der Energie speisen, die durch das Interesse der Menschen an dem Phänomen entsteht, und daraus seine scheinbare Realität beziehen. John Michell und Robert Rickard haben eine Variante dieser Überlegung vorgeschlagen, um die Tier-Menschen in aller Welt zu erklären. Sie spekulieren darüber, daß seit der Zeit Darwins und dem Beginn der Suche nach »Affenmenschen« die Leute angefangen haben, über Affenmenschen nachzudenken, und daß sie deshalb hoffen, eindeutige Beweise für ihre einstige Existenz zu finden. Als Ergebnis der »frustrierten Wünsche der Evolutionstheoretiker nach Überresten von affenartigen, menschlichen Vorfahren« haben diese Gedanken eine Art von Eigenleben und psychologischer Wirklichkeit gewonnen.[32]
Psychologen würden das »Wunschdenken« nennen, und sie könnten bis zum gewissen Grad recht haben. Wir brauchen unsere Götter, unsere Monster und unsere Rätsel, und wenn eine Großfußmanie in der Luft liegt, wird aus einem Schatten ein behaarter Riese und aus einer unförmigen Spur im Schlamm ein riesiger Fußabdruck. Aber sind die Tausende von Zeugen aus der ganzen Welt, sowohl aus primitiven als auch aus hochindustrialisierten Gesellschaften, alle nicht in der Lage, zwischen Mythos und Wirklichkeit zu unterscheiden? Man müßte zuerst einmal die menschliche Beobachtungsgabe und Glaubwürdigkeit grundsätzlich anzweifeln, wenn man die ganze Sammlung

von Augenzeugenberichten vom Tisch fegen wollte. Außerdem haben wir die Fußabdrücke, Haare, Exkremente und Roger Pattersons Film, alles »weiche« Beweise, aber doch schwer zu widerlegen, es sei denn, man wäre ein verstockter Skeptiker, der einfach unfähig ist, sich auf neue Gedanken einzulassen. Wir glauben, daß die Indizien für sich selbst sprechen, und zwar in einer Sprache, die zu deutlich ist, als daß man sie noch länger ignorieren könnte.

ANHANG

Anmerkungen

Wo nur Autor und Buchtitel angegeben sind, stehen die bibliographischen Details in der Bibliographie. Die Seitenangaben beziehen sich auf die in der Bibliographie angegebene erste Ausgabe, soweit nicht anders vermerkt.

I
Der Großfuß in Nordamerika

1 Toronto, *Star*, 6. Mai 1982.
2 *Exeter Watchman*, 22. September 1818.
3 Mankato, MN, *Weekly Record*, 23. Januar 1869, berichtet in *Bigfoot Co-op*, Juni 1982, S. 3.
4 Williamsport, PA, *Sun Gazette*, 30. September 1874.
5 Manchester, CT, *Journal Inquirer*, 24. August 1982.
6 Aus seinem Aufsatz »Stoneclad Among the Cherokees« in Halpin and Ames, *Manlike Monsters on Trial*. Dieses Buch enthält 8 Aufsätze über menschenähnliche Monster in der Überlieferung und in der Kunst der amerikanischen Indianer. Siehe auch Loren E. Coleman and Mark A. Hall: »Some Bigfoot Traditions of the North American Tribes«, *INFO Journal*, Bd. 2 (1970), S. 2–10.
7 Diese und weitere indianische Großfuß-Legenden sind in mehreren Büchern aufgezeichnet: Hugo Reid, *The Indians of Los Angeles County* (1926); Fray Geronimo Boscana, *Chinigchinich* (1933); Bernice E. Johnston, *California's Gabrielino Indians – Interviews by John Peabody Harrington* (1964). Dieses Material fand Peter Gutilla, und es wurde in *Bigfoot Co-op*, Dezember 1981, S. 6 aufgeführt.

8 Bericht in *Bigfoot Co-op*, Oktober 1982, S. 11.
9 Berichte aus West Palm Beach, FL, *Post,* 10. Oktober 1980 und Covington, KY, *Post and Times Star,* 10. Juni 1982, nachgedruckt in UFO Newsclipping Service (im weiteren abgekürzt: UFONS), Nr. 137, S. 15 und Nr. 157, S. 18.
10 Newark, NJ, *Star Ledger,* 29. Juni 1981, nachgedruckt in UFONS Nr. 144, S. 19.
11 Die Details des Falles Freeman wurden zusammengestellt aus Berichten in *The Vancouver Sun,* 19., 22. und 23. Oktober 1982 und *The ISC Newsletter,* Bd. 1, Nr. 2 (Sommer 1982) und Bd. 1, Nr. 3 (Herbst 1982).
12 Zwei kanadische Berichte von Green, *On the Track of the Sasquatch,* S. 192–94.
13 Isabel Davis and Ted Bloecher, *Close Encounter at Kelly and others of 1955* (Evanston, IL: Center for UFO Studies, 1978), S. 162–65.
14 Brookings, SD, *Register,* 28. September 1979, Nachdruck in UFONS, November 1979, S. 14.
15 Details in Bord, *The Bigfoot Casebook,* S. 17–18; das Buch verzeichnet mehrere neuere Fälle von Großfüßen, die kleiner als 1,50 Meter sind.
16 Ein ausführlicher Bericht von Roe über diese besonders ergiebige Begegnung findet sich in Bord, *Alien Animals,* S. 164 und in *The Bigfoot Casebook,* S. 58.
17 *INFO Journal,* Nr. 26, S. 15.
18 Pasadena, TX, *News-Citizen,* 16. Mai 1982, nachgedruckt in UFONS, Nr. 156, S. 15.
19 Bericht von Rella Morris, abgedruckt in *Bigfoot Co-op,* August 1981, S. 8–9.
20 Zusammengestellt aus Berichten einer Zeitung in Greenville, SC (Titel und genaues Datum sind unbekannt) vom November 1981 und dem in Port Huron, MI, erscheinenden *Times Herald* vom 9. Dezember 1981 und 29. Januar 1982, nachgedruckt in UFONS Nr. 149, S. 16; Nr. 150, S. 19 und Nr. 152, S. 18.

21 Der ganze Bericht ist zitiert in Bord, *The Bigfoot Casebook*, S. 98–100.
22 Des Moines, IA, *Register*, 9. Mai 1980, erwähnt in *Bigfoot Co-op*, Juni 1980, S. 5.
23 Hunter with Dahinden, *Sasquatch*, S. 107–8; Green, *On the Track of the Sasquatch*, S. 81–82.
24 Napier, *Bigfoot*, S. 169.
25 Hunter with Dahinden, a. a. O., S. 141–143.
26 Ebd., S. 199–202.
27 Clark and Coleman, *Creatures of the Outer Edge*, S. 115.
28 Green, a. a. O., S. 163.
29 Green, *Sasquatch: The Apes Among Us*, S. 444.
30 Sanderson, *Abominable Snowmen*, S. 343.

2
Der Großfuß im Himalaja und in der UdSSR

1 *Among the Himalayas* (London, 1899), S. 223; s. a. Sanderson, *Abominable Snowmen*, S. 1–3.
2 Edward W. Cronin, Jr., »Recent Evidence of the Yeti, an Unknown Primate, from the Himalayas«, *Pursuit*, Bd. 9, Nr. 3, S. 63–65.
3 Dayton, Ohio, *Daily News*, 20. März 1975 und Pittsburgh, PA, *Press*, 13. Januar 1975.
4 London, UK, *Sunday Express*, 6. Februar 1977; *Climber and Rambler*, April 1977, S. 11.
5 *Shropshire Star*, 31. Mai 1979; Simon Welfare and John Fairley, *Arthur C. Clarke's Mysterious World* (London, Collins, 1980), S. 15–16.
6 Heuvelmans, *On the Track of Unknown Animals*, S. 94.
7 Ebd., S. 114–116, wo auch andere Begegnungen mit Einheimischen detailliert aufgeführt sind.
8 Napier, *Bigfoot*, S. 54.

9 Willy Ley, *Exotic Zoology* (Capricorn Books Edn., 1966), S. 84.
10 Über Exkremente und Skalpe s. Heuvelmans, a. a. O., S. 117–121. Eine Liste der Begegnungen und Funde von Fußabdrücken in der Zeit von 1887–1960 findet sich bei Sanderson, *Abominable Snowmen*, S. 260–264.
11 Welfare and Fairley, a. a. O., S. 18–19.
12 London: Weidenfeld and Nicolson, 1956.
13 Sanderson, a. a. O., S. 266.
14 Heuvelmans, a. a. O., S. 122.
15 Die Information über die drei möglichen Größen des Yeti kommt von ebd., S. 123.
16 Napier, a. a. O., S. 150.
17 Heuvelmans, a. a. O., S. 101–104.
18 Kalkutta, Indien, *The Statesman*, 21. Januar 1982.
19 Heuvelmans, a. a. O., S. 124–125.
20 *The Christian Science Monitor*, 18. April 1979.
21 Edward W. Cronin, Jr., »Tracking the Yeti in the Snowfields of the Himalayas«, *Pursuit*, Bd. 15, Nr. 3, S. 130.
22 Dr. John Napier diskutiert die möglichen Kandidaten – Bären, Vögel, Fakire, Langur-Affen und Orang-Utans – in *Bigfoot*, S. 143–161; abgesehen von dem Fußabdruck, den Shipton fotografiert hatte, war er geneigt, den Yeti als eine »Ente« anzusehen – s. S. 205.
23 S. Gordon Creightons »Liste der bisher auf der ganzen Welt gefundenen Namen und Bezeichnungen«, die möglicherweise verschiedene Typen von »Übriggebliebenen Hominiden« bezeichnen, (die 131 Einträge enthält und noch unvollständig ist) in Tchernine, *The Yeti*, S. 173–181.
24 Sanderson, a. a. O., S. 319–320.
25 Ebd., S. 320; Tchernine, a. a. O., S. 59–60.
26 Die Details von Khakhlows Bericht kommen aus Sanderson, a. a. O., S. 313–318 und Tchernine, a. a. O., S. 42–45.

27 Bericht von Dimitri Bayanow, abgedruckt in *Bigfoot Co-op*, Juni 1981, S. 8.
28 *Hans Schiltberger: Beschreibung seiner Reisen und Abenteuer,* Ulm, 1473 (Ref. L1603.B1.210ᵛ in der Handschriftenabteilung der Stadtbücherei in München), zitiert von Myra Shackley in ihrem Aufsatz »The Case for Neanderthal Survival: Fact, Fiction or Faction?«, *Antiquity,* LVI (1982), S. 39.
29 Eine genaue Beschreibung der körperlichen Merkmale findet sich bei Shackley, *Wildmen,* S. 117–119.
30 Tchernine, a. a. O., S. 47–48.
31 Ebd., S. 48.
32 Ebd., S. 28–29.
33 *The Soviet Press – Current Digest,* 8. September 1979, S. 13–14.
34 Igor Bourtsev, »Expedition ›Gissar-80‹«, *Bigfoot Co-op,* Juni 1981, S. 9–11.
35 Ebd., aber Bourtsevs ganzem Bericht entnommen, nicht der Zusammenfassung in *Bigfoot Co-op*.
36 Igor Bourtsevs vorläufiger Bericht über die Expedition von 1981 in *Bigfoot Co-op*, Dezember 1982, S. 11.
37 Details eines 1970 gemachten Interviews mit Karapetyan und eine genauere Beschreibung seines Zusammentreffens mit einem Almas finden sich in: Henry Gris and William Dick, *The New Soviet Psychic Discoveries* (London, Souvenir Press), S. 183–189 und S. 195–196.
38 Ebd. S. 192.
39 Sanderson, a. a. O., S. 291–295.
40 Über die Forschung von Dr. Kofman berichten Gris and Dick, a. a. O., S. 190–197.
41 Die ganze Geschichte von Zana findet sich bei Tchernine, a. a. O., S. 155–159.
42 Bericht von Dimitri Bayanow vom Darwin-Museum in Moskau, in *Bigfoot Co-op*, April 1981, S. 10–11.
43 Tchernine, a. a. O., S. 137–138.

44 »What is it?... Myth or Reality?«, *Technical Journal for Youth*, Nr. 6.
45 Ebd.
46 Sanderson, a. a. O., S. 371–372.
47 Tchernine, a. a. O., S. 138.
48 In *Soviet Ethnography*; nachgedruckt in Englisch bei Green, *On the Track of the Sasquatch*, S. 152–155, mit anschließendem Kommentar von John Green.
49 Sanderson, a. a. O., S. 326.
50 Shackley, Wildmen.

3
Der Großfuß in China, Australien, Südostasien, Afrika und Südamerika

1 *The New York Times*, 5. Januar 1980, S. 5.
2 Ji Ti, »China has its Yeti Too«, *International Wildlife*, Januar-Februar 1981, S. 18–19.
3 Canberra, Australien, *Times*, 8. Februar 1981.
4 Yuan Zhenxin und Huang Wanpo, *Wildman: China's Yeti*, S. 6–7. Dieses Büchlein von 22 Seiten ist Nr. 1 der »Fortean Times« Occasional Papers, wurde 1981 veröffentlicht und kann bezogen werden von: BM – Fortean Times, London WC1 N 3XX.
5 San Jose, CA, *Mercury*, 26. Februar 1981, nachgedruckt in UFONS, Nr. 141, S. 16.
6 Fan Jingquan, »I Witnessed a ›Wildman‹ Mother and Child in the Chestnut Forest«, in Yuan Zhenxin und Huang Wanpo, a. a. O., S. 15–17.
7 Canberra, Australien, *Times*, 8. Februar 1981, nachgedruckt in UFONS Nr. 142, S. 16.
8 Ji Ti, a. a. O., S. 19.
9 Ebd., S. 19.
10 Ebd., S. 19.
11 Yuan Zhenxin and Huang Wanpo, a. a. O., S. 9–10.

12 Eine genauere körperliche Beschreibung findet sich ebd., S. 11.
13 Ebd., S. 11–12.
14 Zitiert in der *Times* von Los Angeles, CA, am 28. August 1980, nachgedruckt in UFONS, Nr. 135, S. 17.
15 Mehrere solcher Berichte wurden von Graham C. Joyner gesammelt und 1977 als Broschüre herausgegeben. Titel: »The Hairy Man of South Eastern Australia«.
16 Tagebucheintrag, den Frau Eileen Cox aus Noosa Heads an die *Australian Post* eingesandt hat. Erschienen am 28. Februar 1980, nachgedruckt in UFONS Nr. 128, S. 20.
17 Lismore, NSW, *The Northern Star*, 7. Juli 1977.
18 Don Boyd, »Zowie! Where's the Yowie?«, *Outdoors*, June 1978, S. 82–83.
19 Ebd.
20 *Sun Herald*, 13. Mai 1977.
21 Boyd, a. a. O.
22 Bericht einer australischen Zeitung, Name unbekannt, am 7. April 1978.
23 Sydney *Sunday*, 6. Mai 1979.
24 *Evening Post*, 18. April 1979.
25 *Australasian Post*, 28. Februar 1980, nachgedruckt in UFONS Nr. 128, S. 19.
26 Lismore, NSW, *The Northern Star*, 23. Mai 1981.
27 Boyd, a. a. O.
28 Lismore, NSW, *The Northern Star*, 17. August 1977.
29 Einzelheiten in Bigfoot Co-op, Februar 1981, S. 10/11.
30 *Pakistani Times*, 12. Juni 1969, zitiert in *Pursuit* Bd. 2, Nr. 3, S. 54.
31 *Pursuit*, Bd. 3, Nr. 2, S. 36.
32 AP-Bericht aus Kuala Lumpur, 1. August 1971.
33 Sanderson, *Abominable Snowmen*, S. 229–230.
34 *Pursuit*, Bd. 3, Nr. 2, S. 36.
35 Heuvelmans, *On the Track of Unknown Animals*,

S. 79; Napier äußert sich über »verdrehte Füße« in *Bigfoot*, S. 25–26.
36 Der ganze Bericht ist zitiert in Sanderson, a.a.O., S. 221–224 und Heuvelmans, a.a.O., S. 85–86. Heuvelman's 5. Kapitel ist dem Orang Pendek gewidmet, und Sandersons 10. Kapitel beschreibt die Situation hinsichtlich der Tier-Menschen in ganz Südostasien.
37 Napier, *Bigfoot*, S. 26.
38 *News Extra*, 13. Oktober 1974. S. a. Bord, *Alien Animals*, S. 180.
39 Christchurch, NZ, *Truth*, 22. Dezember 1982, nachgedruckt in UFONS Nr. 163, S. 19.
40 Katharine Scherman, *Spring on an Arctic Island* (London: Victor Gollancz, 1956), S. 156–164; s.a. Ivan T. Sanderson, »*Things*« (New York: Pyramid Books, 1967), S. 94–100.
41 In seinem Kapitel über Afrika in *Abominable Snowmen*, Kap. 10.
42 *Discovery*, Dezember 1937, nachgedruckt in ebd., S. 190–191.
43 Bericht, der an *Discovery* geschickt wurde, nachgedruckt in ebd., S. 191.
44 Heuvelmans, a.a.O., Kap. 16.
45 Sämtliches Material über »X« aus *Chicago Tribune*, 11. Oktober 1978.
46 Sanderson, *Abominable Snowmen*, S. 172; er beschreibt die Lage in Südamerika auf S. 167–181.
47 Pablo Latapi Ortega, »Ucumar, the Argentinian Yeti«, *Contactos Extraterrestres* (Zeitschrift), 16. April 1980.
48 Sanderson, »*Things*«, a.a.O., S. 92–93.
49 Heuvelmans, a.a.O., S. 204–205; Sanderson, *Abominable Snowmen*, S. 174.
50 S. 80–93.
51 UPI-Bericht, der Ende Mai 1976 in vielen amerikanischen Zeitungen veröffentlicht wurde, z.B. in St. Louis, MO, *Post-Dispatch*, 23. Mai 1976.

52 Heuvelmans, a. a. O., S. 203–204.
53 Ebd., S. 214; s. a. Sanderson, *Abominable Snowmen*, S. 178–181.
54 Pino Turolla, *Beyond the Andes* (New York: Harper and Row) S. 132–136.
55 Warren Smith, *Lost Cities of the Ancients – Unearthed!* (Zebra Books, 1976) S. 36–39.
56 Sanderson, *Abominable Snowmen*, S. 164–165.
57 Die Geschichte wurde berichtet im *Museum Journal* der Universität von Pennsylvania, Bd. 6, Nr. 3 (September 1915) und nachgedruckt in Sanderson, *Abominable Snowmen*, S. 160–162.

4
Beweismaterial und Verhaltensmuster

1 George Harrison, »Modern Monsters«, *Sports Afield*, November 1982. Der Autor war Chefherausgeber von *National Wildlife* und nahm 1970 an einer Expedition in das Gebiet um den Mount St. Helens in Washington State teil, die nach dem Großfuß suchte. Man fand die in seinem Artikel beschriebenen Spuren, sah aber keinen Großfuß.
2 Napier, *Bigfoot*, S. 123–124.
3 Z. B. seine beiden Aufsätze über die Anatomie der Füße des Sasquatch, erschienen in: Sprague and Krantz, *The Scientist Looks at the Sasquatch*. Eine ausführliche Besprechung des Materials an Fußspuren findet sich auch in John Greens Büchern *On the Track of the Sasquatch* (Kap. 6) und *Sasquatch: The Apes Among Us* (Kap. 19).
4 Everett, WA, *Herald*, 27. Mai 1981, nachgedruckt in UFONS Nr. 143, S. 17. Dr. John Napier schreibt ebenfalls ausführlich über Bärenspuren in *Bigfoot*, S. 129–30 und S. 150.
5 Von dem Zeugen 1972 Vladimir Pushkarev berichtet

und zitiert in dessen Artikel »New Evidence«, *Technical Journal for Youth,* Nr. 6 (1979). Eine Übersetzung ist abgedruckt in *Bigfoot Co-op,* Februar 1983, S. 8.

6 Interview mit John Green von Peter Gutilla, in *Bigfoot Co-op,* Dezember 1982, S. 9.
7 Berichtet von Linda Williford in *Bigfoot Co-op,* August 1982, S. 9–11.
8 Eine interessante Darstellung von dem Prozeß der Analyse geben Vaughn M. Bryant, Jr. und Burleigh Trevor-Deutsch in »Analysis of Feces and Hair Suspected to be of Sasquatch Origin«, in Halpin and Ames, *Manlike Monsters on Trial,* S. 291–300.
9 Roes ganzer Bericht findet sich in Bord, *The Bigfoot Casebook,* S. 58–60.
10 Wapakoneta, OH, *Daily News,* 18. März 1981, nachgedruckt in UFONS Nr. 143, S. 15.
11 Yuan Zhenxin and Huang Wanpo, *Wild Man,* Fortean Times Occasional Paper Nr. 1, S. 10.
12 Diese Probleme beleuchtet John Green in *Sasquatch: The Apes Among Us,* S. 284–286.
13 Sanderson, *Abominable Snowmen,* S. 335.
14 Yuan Zhenxin and Huang Wanpo, a. a. O., S. 9.
15 Dr. Heuvelmans erzählt die ganze Geschichte in seinem Buch *L'Homme de Néanderthal est Toujours Vivant,* und Dr. Napier erzählt eine kürzere Version in *Bigfoot,* S. 98–114.
16 Es gibt bisher noch kein Buch, das sich ausschließlich dem Pattersonfilm widmet, aber es ist eines in Vorbereitung. Eine klare Darstellung der Ereignisse und ihrer Nachwirkungen findet sich in Green, *Sasquatch: The Apes Among Us,* Kap. 6. Weitere Informationen und Analysen bieten Ivan T. Sanderson in *More »Things«* (New York, Pyramid Books, 1969), S. 65–79; Napier in *Bigfoot,* S. 89–95; Green in *On the Track of the Sasquatch,* S. 70–74; Hunter with Dahinden, *Sasquatch,* S. 116–128, 180–186; fünf farbige Vergrößerungen aus

dem Film sind abgedruckt in Halpin and Ames, *Manlike Monsters on Trial*.
17 Green, *Sasquatch: The Apes Among Us*, S. 129.
18 Jon Beckjord, »Comments on the Patterson/Gimlin Film«, *Bigfoot Co-op*, Juni 1981, S. 5.
19 Bruce Bonney, »Comments on Jon Beckjord's ›Baby‹«, *Bigfoot Co-op*, Dezember 1981, S. 9–11.
20 Berwick, PA, *Press-Enterprise*, 26. August 1980, nachgedruckt in UFONS Nr. 135, S. 19.
21 David Hadaller, »Sasquatch: The Nature of the Beast«, *The Oregonian Northwest Magazine*, 24. Oktober 1982, nachgedruckt in UFONS Nr. 161, S. 17.
22 Weitere Einzelheiten und Fotografien s. Bord, *The Bigfoot Casebook*, S. 139–141.
23 Berwick, PA, *Press-Enterprise*, 26. August 1980, nachgedruckt in UFONS Nr. 135, S. 19.
24 Ebd.
25 Peter Jenkins, *A Walk Across America*, aufgeführt in *Bigfoot Co-op*, April 1981, S. 7.
26 Die ganze Geschichte davon, wie die Aufnahmen zustande kamen, erzählen Slate and Berry, *Bigfoot*, Kap. 1, 2, 3; die Analyse ist beschrieben in R. Lynn Kirlin and Lasse Hertel, »Estimates of Pitch and Vocal Tract Lenght from Recorded Vocalizations of Purported Bigfoot«, in Halpin and Ames, a. a. O., S. 274–290.
27 Green, *Sasquatch: The Apes Among Us*, S. 442.
28 Carlsbad, NM, *Current-Argus*, 28. Oktober 1980, nachgedruckt in UFONS Nr. 138, S. 20.
29 Von John Fuhrmann/Peter Gutilla berichtet an *Bigfoot Co-op*, Dezember 1981, S. 3.
30 *Idaho State Journal*, 11. September 1980, aufgeführt in *Bigfoot Co-op*, Dezember 1980, S. 8.
31 San Diego, CA, *Union*, 17. August 1982, aufgeführt in *Bigfoot Co-op*, Oktober 1982, S. 5.
32 Von John Green in *Bigfoot Co-op* berichtet im Februar 1981, S. 2.

33 Green, *Sasquatch: The Apes Among Us*, S. 378.
34 Der Barone-Vorfall ist ausführlicher in Kap. 1 geschildert; der Hensley-Bericht ist aus Port Huron, MI, *Times Herald*, 15. Dezember 1981, nachgedruckt in UFONS Nr. 151, S. 18.
35 Lancaster, CA, *Ledger-Gazette*, 27. August 1980, aufgeführt in *Bigfoot Co-op*, Oktober 1980, S. 4.
36 Carlsbad, NM, *Current-Argus*, 2. November 1980, nachgedruckt in UFONS Nr. 140, S. 17.
37 Green, *Sasquatch: The Apes Among Us*, S. 425.
38 San Jose, CA, *Mercury News*, 1. Januar 1981, aufgeführt in *Bigfoot Co-op*, Juni 1981, S. 4.
39 Aberdeen, WA, *Daily World*, 22. April 1982, nachgedruckt in UFONS, Nr. 155, S. 17.
40 Green, *Sasquatch: The Apes Among Us*, S. 421–425.
41 CA, *Trinity Journal*, 16. Februar 1961.
42 Vancouver, WA, *The Columbian*, 7. und 9. Mai 1979, aufgeführt in *Bigfoot Co-op*, Februar 1981, S. 5.
43 Green, *Sasquatch: The Apes Among Us*, S. 57.
44 Ebd., S. 269.

5
Der nicht-körperliche Großfuß und die UFO-Verbindung

1 West Palm Beach, FL, *Post*, 10. Oktober 1980, nachgedruckt in UFONS Nr. 137, S. 15.
2 Bord, *The Bigfoot Casebook*, S. 129.
3 Ebd., S. 139.
4 Shelby, NC, *Daily Star*, 16. September 1981, nachgedruckt in UFONS Nr. 148, S. 18.
5 Clark and Coleman, *Creatures of the Outer Edge*, S. 81.
6 Bericht des Enkels des Zeugen, Bruce G. Hallenbeck in Chatham, NY, *Courier*, 9. April 1981.
7 Slate and Berry, *Bigfoot*, S. 118–120.
8 Clark and Coleman, a. a. O., S. 81.

9 Stan Gordon, »UFO-Related Bigfoot Encounter in Pennsylvania«, *The MUFON UFO Journal,* Nr. 171, S. 3–5. Gordon benützte für die Zeugen Pseudonyme, aber da ihre wirklichen Namen in Presseberichten angegeben wurden, erscheint es unsinnig, ihre wahre Identität zu verschweigen. Ein Beispiel für einen Pressebericht findet sich in Johnstown, PA, *Tribune-Democrat,* 7. November 1981, nachgedruckt in UFONS, Nr. 151, S. 17.

10 Stan Gordon, »UFO-Bigfoot Update«, *The MUFON UFO Journal,* Nr. 173, S. 13.

11 Australian Centre for UFO Studies, 1980.

12 Keel, *Strange Creatures from Time and Space,* S. 116.

13 Dr. Berthold Eric Schwarz, »UFOs; Delusion or Dilemma?«, *Flying Saucer Review* Special Issue No. 2, »Beyond Condon« (1969), S. 49–51.

14 Stan Gordon, »UFOs, in Relation to Creature Sightings in Pennsylvania«, *MUFON UFO Symposium Proceedings 1974,* S. 142.

15 Clark and Coleman, a. a. O., S. 82–83.

16 Berichtet von Len Stringfield in *Skylook,* notiert in *Canadian UFO Report,* Bd. 3, Nr. 4, S. 5–6.

17 Jerome Clark, »The Frightened Creature on County Road W«, *Flying Saucer Review,* Bd. 21, Nr. 1, S. 20–21.

18 Ein sehr ausführlicher Bericht mit einer psychiatrischen Analyse des Hauptzeugen gibt Dr. Berthold Eric Schwarz in seinem Aufsatz »Berserk: A UFO-Creature Encounter«, *Flying Saucer Review,* Bd. 20, Nr. 1, S. 3–11.

19 Berichtet in der Zeitung *La Segunda* in Santiago und später in *La Razón* in Buenos Aires, Argentinien, am 18. November 1979; übersetzt in UFONS Nr. 126, S. 16.

20 Ein umfassender Bericht wurde von dem Forscher Dennis Pilichis zusammengestellt: *Night Siege: The Northern Ohio UFO Creature Invasion,* privat veröffentlicht unter der Adresse PO Box 5012, Rome, Ohio 44 085.

21 Jerome Clark and Loren Coleman, »Anthropoids, Monsters and UFOs«, *Flying Saucer Review*, Bd. 19, Nr. 1, S. 18.
22 Sebastian Robiou Lamarche, »UFOs and Mysterious Deaths of Animals«, *Flying Saucer Review*, Bd. 22, Nr. 6, S. 7–8.
23 Brief von Dr. P. M. H. Edwards an die Autoren, 20. September 1982. Frau Cross hatte ihm die Geschichte erzählt.
24 Untersucht von Peter Gutilla, gedruckt in *Bigfoot Co-op*, Dezember 1981, S. 6.
25 Diese Angaben sollen aus einem Tagebuch stammen, das der Großvater von James C. Wyatt aus Memphis, Tennessee, geführt haben soll, und sind dem Autor Brad Steiger zugeschickt worden, der den Bericht veröffentlichte in seinem Buch: *Mysteries of Time and Space* (London: Sphere Books, 1977) S. 117–119.
26 Stan Gordon, »UFO-Related Bigfoot Encounter in Pennsylvania«, *The MUFON UFO Journal*, Nr. 171, S. 3.

6
Erklärungsvorschläge

1 Portland, OR, *Oregonian*, 13. April 1982, nachgedruckt in UFONS Nr. 154, S. 18; s. a. Los Angeles, CA, *Times*, 4. Juni 1982, nachgedruckt in UFONS Nr. 157, S. 15–16.
2 Clarendon, AR, *Arkansas Democrat*, 26. Oktober 1982, aufgeführt in *Bigfoot Co-op*, Februar 1983, S. 2.
3 Vancouver, WA, *Columbian*, 3. und 6. Dezember 1982, aufgeführt in *Bigfoot Co-op*, Februar 1983, S. 3.
4 Sie schrieben dann schließlich an Roger Patterson, da sie wohl inzwischen vom Großfuß gehört hatten, der immer bekannter wurde. Ihr Bericht ist aufgenommen in John Greens *The Sasquatch File*, S. 39.

5 Buckley, WA, *News Banner*, 19. Oktober 1972, aufgeführt in *Bigfoot Co-op*, Juni 1980, S. 2.
6 Port Huron, MI, *Times Herald*, 28. November 1981, nachgedruckt in UFONS Nr. 151, S. 17.
7 Portland, OR, *Oregonian*, 24. Oktober 1982, nachgedruckt in UFONS Nr. 161, S. 17–18.
8 Schenectady, NY, *Gazette*, 11. Mai 1981, nachgedruckt in UFONS Nr. 142, S. 18.
9 San Francisco, CA, *Examiner and Chronicle*, 11. Juli 1982, nachgedruckt in UFONS Nr. 158, S. 14.
10 Dimitri Bayanow, »Why it is Not Right to Kill a Gentle Giant«, *Pursuit*, Bd. 13, Nr. 4, S. 140–141.
11 S. Heuvelmans, *L'Homme de Néanderthal est Toujours Vivant*.
12 Sanderson, *Abominable Snowmen*, S. 355–374.
13 Ebd. S. 374.
14 S. 111.
15 David Hadaller, »Sasquatch, The Nature of the Beast«, in Portland, OR, *Oregonian*, 24. Oktober 1982, nachgedruckt in UFONS, Nr. 161, S. 17–18.
16 Sanderson, a. a. O., S. 370.
17 Yuan Zhenxin and Huang Wanpo, »A Challenge to Science«, in Yuan Zhenxin and Huang Wanpo, *Wild Man*, Fortean Times Occasional Paper Nr. 1, S. 14.
18 In seinem Kapitel über Belege in Form von Fossilien in *Bigfoot*, S. 173–192.
19 Napier, a. a. O., S. 183.
20 Sanderson, a. a. O., S. 417–419.
21 Di Francis, *Cat Country: The Quest for the British Big Cat* (Newton Abbot: David and Charles, 1983).
22 In einem Brief an die Autoren vom 30. Dezember 1982.
23 Ein früherer Versuch, die Verbindung zwischen geheimnisvollen Tieren und UFOs zu erklären und die möglichen Energiequellen zu identifizieren, die dabei eine Rolle spielen, findet sich in Kapitel 6 unseres Buches *Alien Animals*.

24 R. Martin Wolf, »Coherence in Chaos«, *Pursuit*, Bd. 11, Nr. 1, S. 34.
25 S. z. B. Paul Devereux, *Earth Lights* (Wellingborough: Turnstone Press, 1982).
26 Dr. Michael A. Persinger, »Predicting UFO Events and Experiences«, *Thirteenth Annual MUFON UFO Symposium Proceedings*, 1982, S. 34–39.
27 John A. Keel, »The ›Superior‹ Technology«, *Flying Saucer Review*, Bd. 15, Nr. 5, S. 26–27.
28 Bericht von Peter Gutilla in *Bigfoot Co-op*, Februar 1981, S. 6.
29 Brief an die Autoren vom 7. September 1982.
30 Devereux, a. a. O.
31 D. Scott Rogo, *The Haunted Universe* (New York: Signet Book, New American Library, 1977), S. 150.
32 John Michell & Robert J. M. Rickard, *Living Wonders*, (London: Thames and Hudson, 1982), S. 44.

Bibliographie

Bord, Janet & Colin, *Alien Animals,* London: Paul Elek, 1980; Harrisburg, PA: Stackpole Books, 1981.

– *The Bigfoot Casebook,* London: Granada Publishing, 1982; Harrisburg, PA: Stackpole Books, 1982.

Clark, Jerome, and Loren Coleman, *Creatures of the Outer Edge,* New York: Warner Books, 1978.

Green, John, *The Sasquatch File,* Victoria, BC: Cheam Publishing (1299 Tracksell Avenue, Victoria, BC, V8P 2C8, Canada), 1973.

– *On the Track of the Sasquatch* (incorporating *On the Track of the Sasquatch* and *Year of the Sasquatch*), New York: Ballantine Books, 1973; published individually by Cheam Publishing, BC, 1968, 1970, and revised editions published 1980 as *On the Track of the Sasquatch*, Books I and II.

– *Sasquatch: The Apes Among Us,* Victoria, BC: Cheam Publishing, 1978; Seattle, Hancock House Publishers, 1978.

Halpin, Marjorie M., and Michael M. Ames (eds), *Manlike Monsters on Trial: Early Records and Modern Evidence,* Vancouver, BC: University of British Columbia Press, 1980 (contains a useful 18-page 'Bibliography: Published Materials Concerning the Abominable Snowman, the Yeti, the Sasquatch, and Related Hominidae' by L. G. M. Ruus).

Heuvelmans, Dr. Bernard, *On the Track of Unknown Animals,* New York: Hill and Wang Inc., 1965; London: Paladin Books, 1970.

– *L'Homme de Néanderthal est Toujours Vivant* (co-author Dr. Boris Porchnev), Paris: Plon, 1974.

– *Les Bêtes Humaines d'Afrique,* Paris: Plon, 1980.

Hunter, Don, with René Dahinden, *Sasquatch*, Toronto, Ont.: McClelland & Stewart, 1973; Scarborough, Ont.: New American Library of Canada, 1975.

Izzard, Ralph W. B., *The Abominable Snowman Adventure*, London: Hodder & Stoughton, 1955; Garden City, NY: Doubleday (title *The Abominable Snowman*).

Keel, John A., *Strange Creatures from Time and Space*, Greenwich, CT: Fawcett Publications, 1970; London, Neville Spearman, 1975; London: Sphere Books, 1976.

Napier, Dr. John, *Bigfoot: The Yeti and Sasquatch in Myth and Reality*, London: Jonathan Cape, 1972; London: Abacus Books, 1976; New York: Dutton, 1973.

Patterson, Roger, *Do Abominable Snowmen of America Really Exist?*, Yakima, WA: Franklin Press, 1966.

Sanderson, Ivan T., *Abominable Snowmen: Legend Come to Life*, Philadelphia: Chilton Book Co., 1961; New York: Jove Publications, revised abridgement, 1977.

Shackley, Dr. Myra, *Wildmen: Yeti, Sasquatch and the Neanderthal Enigma*, London: Thames and Hudson, 1983; New York: Thames and Hudson, 1983 (title *Still Living?*).

Slate, B. Ann, and Alan Berry, *Bigfoot*, New York: Bantam Books, 1976.

Sprague, Roderick, and Grover S. Krantz (eds), *The Scientist Looks at the Sasquatch*, Moscow, ID: The University Press of Idaho, 1977 (new edition with 3 new articles published 1979).

Stonor, Charles Robert, *The Sherpa and the Snowman*, London: Hollis and Carter, 1955.

Tchernine, Odette, *The Snowman and Company*, London: Robert Hale, 1961.

– *The Yeti*, London: Neville Spearman, 1970.

Wylie, Kenneth, *Bigfoot: A Personal Inquiry into a Phenomenon*, New York: Viking Penguin, 1980.

Register

Afrika 98–102, 165 f., 168
Aggression 14, 130 f.
Agogwe 98–100, 166
Alaska 19, 66 f.
Alberta 26
Almas 51–68, 166, 168
Ape Canyon 159 f.
Argentinien 102, 151
Arizona 163
Arkansas 160
Arktis 97
Augen 31 f., 68, 155
Australien 82–91, 151, 166 ff.
Australopithecus 100 f., 165

Bären 29, 49, 115 f., 122
Baffininsel 97
Balnap, Brian 130
Bancroft, Dr. Edward 105
Barone, Tina 28 f., 130, 162
Barrios, Silvia, Alicia 102
Baxter, Louise 30 ff.
Bayanow, Dimitri 30 f., 62, 122, 164
Beck, Fred 160
Beckjord, Jon 122
Berry, Alan 127
Biscardi, C. Thomas 163

Boardman, Peter 44
Bolivien 102 f.
Bonney, Bruce 122
Borneo 95 f.
Bosak, William 150
Bourtsew, Igor 56
Brasilien 103
Britisch-Honduras 107
Britisch-Kolumbien 15, 19 f., 26 ff., 33 f., 103, 125, 128, 135, 140
Brown, Scott & Neal 160
Buckley, David 15–18
Burgoyne, Cuthbert 99 f.
Burma 80 f.

Chile 151
China 73–82, 119, 166 f.
Christensen, Warren 88
Chuchunaa 65–67
Colorado 156
Connecticut 15
Coromandel-Mensch 97 f.
Crew, Jerry 17
Cronin, Edward W., jr. 43 f., 50

Dagestan 60–64
Dahinden, René 20, 33, 92, 112

Dakota 27
Dasciano, Dan 147
Dean, Marion 132
Devereux, Paul 175
Didi 105, 166
Doig, Desmond 48
Donskoy, Dr. Dimitri D. 34
Dravert, P. L. 65, 67
Dwendis 107, 166
Dschabirow, Gafar 56

Eberhardt, Dr. Jacqueline Roumeguere 100 f.
El Mono Grande 106
El Sisemite 107 f.
Emery, Dr. Howard 43
Ernährung 44 f., 46 f., 53 f., 74 f., 117 ff., 130 ff., 134 ff.
Eskimo-Überlieferung 97
Exkremente 46, 74, 102 ff.

Fälschungen 112, 159–161
Fan Jingquan 75
Fawcett, Colonel, P. H. 103 ff.
Filme und Fotografieren 120–126
Florida 19, 37, 156
Fogelson, Raymond, D. 18
Franceschi, Orlando 153
Francis, di 170
Freeman, Paul 22–24
Frew, Sam & Ruth 143–145

Frith, Dr. H. J. 90
Fuller, John 16 f.
Fulton, Charles 20 f., 139
Fußabdrücke 24 f., 36, 49, 56, 80 f., 111–117, 133, 160
– dreizehige 36, 115–118, 144

Gan Mingzhi 77 f.
Georgia (USA) 27
Geruch 37 f.
Gesichtszüge 29 ff.
Gigantopithecus 50, 81 f., 91, 166–170
Gilroy, Rex 90 f.
Gimlin, Bob 108, 120 ff.
Gong Yulan 78
Goodall, Jane 164
Gordon, Stan 151, 155
Green, John 37, 116 f., 128
Grinjowa, Nina 46, 57 f.
Grönland 97
Größe 26 f., 128
Guatemala 107 f.
Gutilla, Peter 173 f.

Haare 27 f., 119
Haifley, Anita 147
Hallenbeck, Bruce, G. 174 f.
Harrison, George 114
Hatherell, Graig 90
Hensley, Kathy 131 f.
Hepworth, Donald 12

Hertel, Lasse 127
Herwaarden, Van 94 f.
Heryford, Dennis 134
Heuvelmans, Dr. Bernard
  48, 50, 98, 100, 103, 120,
  165 f.
Hiba-gon-Monster 96 f.
Hichens, Capt. William 98
Himalaja 42–50
Howard-Bury, Lt. Col.
  C. K. 45
Humboldt, Alexander von
  106
Hunt, Lord & Lady 44
Huston, Donald 86

Idaho 12, 37, 130
Illinois 156
Indiana 36, 130, 141, 149,
  153, 156
Indianische Überlieferung
  17 ff., 154
Iowa 31
Iwanovitsch, Bulygin, Efin
  116

Jackson, Charles 32 ff.
Japan 96 f.
Javamensch 168
Johore 92
Jones, Flora 18 f.
Josephson, Clynn 130

Kadaver 55, 74 ff., 119 f.,
  161 f., 162–164
Kaiser, George 153

Kalifornien 17 ff., 30, 32,
  37, 115, 120, 122, 127,
  130, 132 ff., 156, 163, 173
Karapetjan, Lt. Col., V. S.
  60 ff.
Kasachstan 54
Kaukasus 59–65
Keel, John, A. 172
Kentucky 20 f., 34, 139
Khakhlow, Dr. V. A. 52 f.
King, Mike 135 f.
King, Tant 27
Kirlin, R. Lynn 127
Klem, Betty Jean 146 f.
Knowitsch, Rick 124 ff.
Koenigswald, Dr. von 167
Kofman, Dr. Marie-Jean
  59, 61 ff.
Krantz, Dr. Grover 24 f.,
  113, 125, 162, 167
Kubo, Albert 96
Kugelfestigkeit 19 ff.,
  139–142

Labrador 28, 36
Lautäußerungen 103,
  125–127
Leakey, Dr. Richard 101 f.
Leontiew, Prof. V. K. 62 f.

MacKinnon, John 95
Mack, Ian 86
Malaysia 92 ff., 166
Manitoba 28
Maricoxi 103 ff.
Martinez, Emelino 106

Maryland 141, 143
Massachusetts 156
Meissner, Tim 125, 135, 140
Michell, John 176
Michigan 29, 32, 131, 156
Minnesota 120
Missouri 156
Moehau-Monster 97 f.
Mongolei 39–54
Montana 156
Moraweč, Mark 128–129, 145 f., 151, 156
Mullens, Rant 159
Muzila, Tom 18 f.

Napier, Dr. John 31 f., 112, 168
Napuri, Encarnaciòn 105
Neandertaler 68, 165, 168, 170
Nebeski-Wojkowitz, Prof. René von 47 f.
Nepal 44
Neuseeland 97
New Jersey 22, 135–140, 156
New Mexico 129, 132
New South Wales 83–91
New York State 13, 141, 156, 174
North Carolina 140 f.
Nyima, Sherpa Pasang 46

Ohio 14, 36, 118, 149, 152, 156

Oklahoma 37
Ontario 28
Orang Pendek 94
Oregon 19, 28, 129, 131, 133, 171
Ostman, Albert 103

Pamirgebirge 55 ff.
Pang Gensheng 78 ff.
Paraguay 103
Paranthropus robustus 168
Parson, John 129
Patterson, Roger 30 f., 34 f., 68, 120–125
Pecherski, Anatoli 54
Pennsylvania 14, 28, 124, 126, 141, 143, 146, 148, 150, 155
Perak 93
Persinger, Dr. Michael A. 172 f.
Peru 105
Pettijohn, Ken 32
Porsthnew, Dr. Boris 64, 67 f., 165
Pronin, A. G. 56
Puerto Rico 153 f.

Queensland 84, 86, 88

Reed, Prof. Charles A. 170
Renshaw, Dick 44
Rickard, Robert 176
Rigsby, Prof. B. 90
Rinchen, Prof. 52
Rivera, José 133

Roe, William 28f., 118
Rogo, D. Scott 175

Sanderson, Ivan T. 38, 48,
  67f., 93, 98, 102f., 105,
  108, 120, 165f., 170
Sazawa, Yokio 96
Schaller, Dr. George 50,
  164
Scherman, Katherine 97
Sedapa 94ff., 166
Shackley, Dr. Myra 68, 165
Sheets, Bill 118
Shipton, Eric 43
Sibirien 65–67
Solano, Tony 88
South Dakota 27, 156
Spanien 151
Sproles, Ernest 163
Stoneclad 17f.
Stonor, Charles 45
Stumbauch, Marie 132
Sumatra 94
Szpila, Lt. Alan 92

Tadschikistan 56–60
Talanca, Tom 126
Tansania 98
Tasker, Joe 44f.
Tatsl, Igor 56, 58f.
Tennessee 155
Tensing, Sen 46
Tharp, Jackie 130
Tibbetts, Douglas J. 146
Tien-Shan-Gebirge 54
Tomakow, Muhhammed
  61f.

Tombazi, N. A. 45
Toonijuk 97
Topilski, Maj.-Gen. M. S.
  55f.
Torrealza, Carlos 105
Towis/Takwis 18, 155
Trapp, Douglas 35
Turolla, Pino 106

Uca/Ucumar 102f.
UdSSR 51–68, 116
UFO-Verbindung
  142–156, 171–175

Vancouver-Insel 154f.
Venezuela 105f.
Verhaltensweise 128–134
Verschwinden, spurloses
  14ff., 142
Vietnam 92
Virginia 37

Waddell, Major, L. A.
  42f.
Wang Zelin 75
Washington State 19,
  22–26, 28, 30f., 112,
  115f., 134, 159ff.
Wendigo 17
West Virginia 156
Whillans, Don 47
»Wilder Mensch des Wal-
  des« 14ff.
Williford, Linda 116f.
Wisconsin 150, 156
Wolf, R. Martin 173f.

Wu Rukang, Prof. 167
Wyoming 161

Yahoo 83
Yang Wanchun 79 f.
Yeti 42–50
Yowie 85–91
Yunusov, Loik 58

Zacharowa, T. I. 66
Zana 64
Zawada, Andrew 43
Zdorick, B. M. 55 f.
Zhang Qilin 76
Zhou Guoxing, Dr. 73, 76

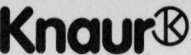

Taschenbücher

David Group
Beweise:
Das Bermuda-Dreieck

Deutsche Erstausgabe

Band 3784
224 Seiten
ISBN 3-426-03784-X

Seit Jahrhunderten bewegt die Menschen das Geheimnis des Bermuda-Dreiecks, in dem auf mysteriöse Weise Schiffe und Flugzeuge spurlos verschwanden.

> Übernatürliche Kräfte?
> Außerirdische Mächte?
> Was steckt hinter diesem Phänomen?

David Group geht in diesem sorgfältig recherchierten Bericht dem Geheimnis auf die Spur und fördert dabei neue, erstaunliche Aspekte zutage.

Taschenbücher

Kevin McClure

Beweise:
Erscheinungen der Jungfrau Maria

Deutsche Erstausgabe
Mit zahlreichen Abbildungen

Band 3780
224 Seiten
ISBN 3-426-03780-7

Quer durch die Geschichte ziehen sich Berichte von Menschen, denen die Jungfrau Maria erschienen ist. Religiöse Wahnvorstellungen? Scharlatanerie?

Kevin McClure macht es sich mit der Beantwortung dieser Fragen nicht leicht.
Sachlich und objektiv berichtet er von acht besonders wichtigen Erscheinungen und geht den Hintergründen der Begebenheiten nach.

Taschenbücher

**Band 3868
208 Seiten
ISBN 3-426-03868-4**

Verbindungen zu anderen Daseinsebenen sind so alt wie die Menschheit. Während seit dreißig Jahren in aller Welt Menschen mit den sogenannten »Jenseitsstimmen« auf Tonband experimentieren, ist dem Aachener Klaus Schreiber gelungen, Tote auch auf dem Bildschirm sichtbar zu machen.
Nach einem aufwendigen technischen Verfahren, dem Kopieren und Verstärken von Einzelbildern seiner Tapes, scheinen verstorbene Angehörige, aber auch prominente Personen und unbekannte Frauen und Männer auf dem Bildschirm wieder aufzutauchen.